„Hoppla“, sagte er und flog in den Krater

Wolf Hamm

„Hoppla“, sagte er und flog in den Krater

PänK Verlag

Mehr über unsere Autoren und Bücher:
www.paenk-verlag.de

Die Deutsche Nationalbibliothek verzeichnet diese Publikation in der Deutschen Nationalbibliografie: detaillierte bibliographische Daten sind im Internet über http://dnb.dnb.de abrufbar.

1. Auflage 2022
ISBN 978-3-949035-06-7

Bilder: Klaus Alter / Umschlag: Thyra Thorn, Klaus Alter
Herstellung BoD - Books on Demand, Norderstedt

Inhalt

Die Burg

Sehnsüchtig schaute Jaro Bobul mehrmals am Tag zur Burg. Über dem Fluss thronend, beherrschte sie die Ebene. Mauern, Laufgänge und Türme auf dem Hügel wiesen mit gesichtsloser Mächtigkeit jede Hoffnung auf Eroberung ab. Seit der Besiedelung der Gegend schützten die Felsenquader ihre Bewohner: die Herrscher über das Land. Zu ihnen wollte Jaro gehören.
Das Volk lebte im Schatten der Anhöhe. Wollte ein Abgesandter zu den Herren, um Wünsche zu äußern, gab er sie auf einem Zettel beim Pförtner ab. Das war lange nicht mehr geschehen, denn die Boten kamen nie zurück. Angst hielt die Menschen fern. Sie gehorchten willig den Befehlen von oben, die sie schriftlich zugestellt bekamen. Von Weitem beobachteten sie die Autos und Hubschrauber, die offensichtlich Menschen hin und her transportierten. Es imponierte ihnen die Geschäftigkeit, mit der Bedeutsames, das weit über ihren Horizont hinausging, in der Burg geschehen musste.
Zwei Visionen überwältigten den vierzehnjährigen Jaro immer wieder: Er sah Tausende von Käfern aus den Mauern der Burg kriechen, wie eine Lawine die Ebene überfluten und alles Essbare, auch Menschen, auch ihn selbst, vertilgen. Er spürte schon das Knabbern an seinen Beinen, bis er davon aufwachte. Die andere Vision erfüllte ihn mit warmer Lebensfreude, denn ein engelsgleiches Mädchen flog darin vom Burgfried herab, flüsterte ihm zu „Ich liebe dich“ und küsste ihn. Davon erwachte er.
„Dergestalt sendet die Burg Glück und Unglück in die Welt, das ist die Macht der Burg“, resümierte Jaro. Er wollte zu de-

nen gehören, die Macht über die Verteilung von Gutem und Schlechtem besitzen.
Seine Großmutter und er bewirtschafteten eine Hofstelle mit einer Kuh, einer Ziege, zwölf Hühnern und drei winzigen Äckern. Die Armut beflügelte die Wunschvorstellungen von Jaro. Seit dem Tod seiner Eltern, die von einem Auto überfahren worden waren, wohnte er bei der Oma. Kopfschüttelnd hörte sie sich die Fantastereien des Enkels an. Er schwärmte ihr vor, wie gut sie leben könnten, wenn er nach dem Studium ans Tor der Burg klopfen würde, um eine gut bezahlte Stelle zu bekommen.
„Jungchen!“, warnte die Oma, „Jungchen, der Hügel ist für unsereiner unerreichbar. Deine Eltern wollten auch in die Burg. Dabei haben sie sie überfahren.“
Die Traumbilder stachelten den Jugendlichen an, für die Schule und Universität Tag und Nacht zu arbeiten. Seine Doktorarbeit über „Sakrifizierung von Raum und Zeit: Ordnungsprinzipien einer bürokratischen Verwaltung“, mit „summa cum laude“ bewertet, sollte eine gute Grundlage schaffen, um Herrschaft auszuüben. Mit den Bestnoten des Abschlussexamens eilte er zur Brücke, zeigte dem Pförtner das Zeugnis und bat um Zugang zur Personalabteilung. Das Gelächter des Wächters fegte die akademischen Ehren hinweg.
Dr. Jaro Bobul schlich zurück zum Haus der Oma und bestellte den Garten. Immerhin konnte er zurückkehren und blieb nicht wie die früheren Boten verschwunden. Das weckte in ihm große Hoffnungen. Punkt acht Uhr am nächsten Morgen stand er erneut vor dem Eingang und wies das Zeugnis vor. Das Lachen klang heute höhnischer als gestern. Ähnlich ging es ihm an den folgenden Tagen, Wochen, Monaten und Jahren: Jaro verlangte, den Chef der Personalabteilung zu sprechen, wurde jedoch abgewiesen. So versorgte er weiterhin die Tiere, bearbeitete die Felder oder verkaufte die Erzeugnisse im Dorf.

Der Wunsch Jaros, in der Burg zu arbeiten, bereitete der Oma Sorgen. Sie ahnte, dass die Leute aus der Ebene nicht fähig waren, dort zu existieren. Jaro würde zugrunde gehen. Dieser Kummer raubte ihre Lebenskraft und sie starb.
Das Gelächter hatte der Pförtner im Laufe von sieben Jahren eingestellt, er ließ Jaro aber nicht in die Burg, bis dieser ihn fragte: „Warum?“ Schulterzucken war die Antwort.
Trotz Nachforschungen wusste Jaro absolut nichts über die Menschen in der Burg. Glaubte er, in einem Buch ihren Namen finden zu können, wurde er schnell enttäuscht: Die Seiten waren herausgerissen oder geschwärzt worden. Fragte er die Menschen der Ebene, so hatten die nie etwas über die Burgbewohner gehört oder von ihnen gesehen.
Einmal hatte Jaro versucht, einen Wagen anzuhalten, um mit den Insassen zu sprechen. Sie hätten ihn beinahe totgefahren. Geschwärzte Fenster verhinderten einen Blick ins Wageninnere.
Die Landwirtschaft gedieh unter seiner Leitung in vierzehn Jahren zu einem Gut, dessen Ländereien die Hälfte der Ebene umfasste. Jeden Morgen ließ sich der Gutsherr in einem Luxuswagen zur Pforte fahren und wies sein Zeugnis vor. Die Burg durfte er nicht betreten. Mit Gewalt wollte er den Zugang nicht erzwingen.
Nach einundzwanzig Jahren – inzwischen gehörten Jaro alle Ländereien der Ebene – riss ihm die Geduld. Er befahl dem Pförtner: „Öffne das Tor!“
„Nein! Ich warne dich! Du bist ein erfolgreicher Mann. Ich achte dich. Ich möchte nicht, dass dir Böses geschieht.“
„Was soll mir schon geschehen? Lass mich in die Burg!“
„Wie du willst! Ich habe dich gewarnt.“
Der Hüter des Tors gehorchte. Jaro war am Ziel seines größten Wunsches. Kaum stand er zufrieden im Hof, da ängstigte ihn die Totenstille. Die Mauern starrten feindselig auf den Eindringling, der ihr Reich erobern wollte. Eine Tafel am Tor zu den Gemächern schickte dem Besucher einen in grel-

lem Gelb gemalten Spruch entgegen:
„Eintritt verboten! Lebensgefahr!"
Jaro achtete nicht darauf. Er ging von Zimmer zu Zimmer; alle waren leer. Menschen begegnete er nicht. Nur seine Schritte hallten durch die Flure. Überall erblickte er nur kahle Steine.
„Wo sind die Menschen, die herkommen und wegfahren?", fragte Jaro den Pförtner.
„Hierher kommen keine Menschen."
„Wer fährt die Autos und fliegt die Hubschrauber?"
„Ich weiß es nicht."
„Wem gehört die Burg?"
„Ich weiß es nicht."
Jaro ging nach Hause, setzte sich in seinen Lieblingssessel und dachte nach. Am nächsten Morgen erschien er Punkt acht Uhr beim Pförtner, ließ sich das Tor aufsperren und wanderte den ganzen Tag durch die Räume, als suche er etwas. So vergingen die Jahre.
Da Jaro seine Zeit damit verbrachte, entweder durch die Burg zu gehen oder im Sessel zu meditieren, zerfiel allmählich sein Gut durch Misswirtschaft, Unfähigkeit und Betrug der Untergebenen. Nach weiteren sieben Jahren besaß er nur noch das Häuschen der Oma. Aber täglich ging er zur selben Zeit zur Pforte, bis er eines Tages den Pförtner tot vorfand. Er beerdigte ihn und nahm seinen Platz ein.
Wenn ein Auto kam, öffnete er das Tor und schloss es. Nie hat er einen Fahrer oder sonst einen Menschen gesehen. Mehrmals hatte er probiert, die Käfer aus seinen Fantasien zu entsenden oder das küssende Mädchen. Es misslang.
Das störte ihn keineswegs. Er lebte auf der Burg, das war ihm das Wichtigste. Er hatte seinen Lebenssinn gefunden. Aufopferungsvoll verrichtete er bis zu seinem Lebensende den Dienst. Er öffnete und schloss das Tor für die Autos mit den unbekannten Insassen. Nach seinem Tod fand sich kein Nachfolger ein. Heute liegt die Burg verlassen da. Nie

wieder fuhren Autos über die Brücke oder landeten Hubschrauber.

Zwillinge

In der Schule war er das Opfer des Spotts seiner Klassenkameraden. Die leuchtend-roten Strubbelhaare entzündeten ein Feuerwerk der Formulierungsfreude: Rot-Teufel, Fliegenpilz, Flammendes Inferno. Geduldig ertrug Oliver Prex die Beleidigungen. Nach einiger Zeit verschaffte er sich durch ein paar wirksame Faustschläge Ruhe und Respekt.

Warum Oliver mein Interesse fesselte, weiß ich nicht. In seiner Nähe empfand ich Unbehagen, manchmal sogar Angst. Wovor? Ging von ihm eine Bedrohung aus? Wir redeten selten miteinander und waren ganz bestimmt nicht befreundet. Aber eines hatten wir gemeinsam: Ich war der Schüler mit den schlechtesten Noten, er mit den zweitschlechtesten. Und: Wir bestanden trotzdem das Abitur.

Er studierte an der Universität in S. Mathematik. Ich vertrödelte viele Semester mit Theaterwissenschaft, Kunstgeschichte und Ethnologie. Lange hörte ich nichts von ihm. Von seiner Tanzstundenpartnerin erfuhr ich, Oliver sei Oberassistent an der Universität in S. Sie erinnerte sich an ihn: „Mathe, das passt zu ihm. Beim Abschlussball interessierte er sich für eine Methode, wie man die Zahl der Schritte von 145 Tänzern beim Kaiserwalzer ausrechnen könnte. Es sei einfach, wenn nicht einige unordentlich tanzten. Das Unberechenbare müsse man genau berechnen können. Für mich tödlich langweilig."

In einer Lateinstunde verließ er das Klassenzimmer mit der Begründung: „Ich habe etwas zu erledigen." Kurz vor

dem Abitur stand er in der Deutschstunde auf und forderte vom Lehrer die Unterrichtsvorbereitung: „Ich habe den Eindruck, Sie wissen nicht, was Sie unterrichten."
Das Unerklärliche solcher Verhaltensweisen bewunderte ich: anderen ein Rätsel zu sein. Er handelte nicht frech oder bösartig. Er bemühte sich, so bildete ich mir ein, ernsthaft eine ihm äußerst wichtige Sache zu verfolgen. Die Lehrer tolerierten die merkwürdigen Verhaltensweisen, die nur zwei- oder dreimal im Jahr auftraten.
Mir imponierte diese Selbstsicherheit. Er zeigte uns, dass es Wichtigeres gibt, als Ciceros Reden zu übersetzen oder Gedichte zu lernen.
Einmal lobte ich ihn: „Ich finde es großartig, wie du das machst."
Seine Antwort: „Ich auch."
Kontaktaufnahme gescheitert.

Meine Karriere führte mich zwanzig Jahre nach dem Studium, das ich nicht abgeschlossen hatte, in die Regionalredaktion einer Provinzzeitung. Oliver ist Professor für „Theorie der Mathematik" geworden. Als ich das vor Kurzem erfuhr, verunsicherte mich das tief. In der Schule gleich erfolglos, jetzt er Professor – und ich? Versager!
Ich sehnte mich danach, an seinem Erfolg, an seinem Charakter, an seinem Leben teilzuhaben. Der drängende Wunsch, ihm nahe zu sein, kämpfte gegen die Warnungen meiner Seele vor näherem Kontakt.
Lange hatte ich das verdrängt. Jetzt brach es umso schmerzhafter auf. Was wollte ich von ihm?
Aus der Nachrichtenflut in der Redaktion fischte ich einige Zeit später die Notiz: Ein deutscher Professor der Mathematik habe auf der Ringstraße in Wien vor Schaufenster stehend lautstark den Satz wiederholt: „Hier gibt es 398 Dinge."
Als er anfing, Passanten zu zwingen, die Objekte in den

anderen Auslagen der Geschäfte zu zählen, brachte ihn die Polizei in die Psychiatrie. Als ich das las, dachte ich an meinen Schulfreund.

Ein Telefonat bestätigte meine Vermutung.

Mir war, als säße ich mit ihm in der Psychiatrie. „Zwillingssyndrom“ könnte man das nennen, bemerkte mein Psychotherapeut. Man habe ständig das Gefühl, parallel zu oder mit einer anderen Person zu leben. Er erzählte von einem Patienten. Der habe seinen Jugendfreund nach zwanzig Jahren getroffen. Sie hätten festgestellt, dass sie im gleichen Jahr das Examen mit der Note „gut“ bestanden hätten. Ihre Frauen seien blond und gleichaltrig. Jeder habe zwei Kinder, einen Jungen und ein Mädchen.

Zufall? Geheime Geisteskräfte?

Ich kämpfte gegen die Vorstellung, in eine geschlossene Abteilung zu kommen.

Irgendetwas verband mich mit Oliver. Hatte ich eine ähnliche Krankheit? Besaßen wir vergleichbare Charakterzüge?

Wie ein Süchtiger dachte ich Stunde um Stunde an ihn.

Auch ich zählte seit geraumer Zeit alle Rechtschreibfehler der Artikel und schrieb die Zahlen auf. Ich zählte bei Autofahrten alle gelben Häuser und schrieb die Zahlen auf. Ich schlief nicht ein, wenn ich die Zahlen nicht notiert hatte. Der Psychiater diagnostizierte: Zwangsneurose wegen Stress! Therapie: weniger arbeiten.

Bald fand ich eine neue Meldung über meinen Schulfreund: „Mathematikprofessor aus S. in geschlossener Abteilung“. Er habe in der Universität seine Bürowände mit sinnlosen Zahlen beschmiert. Zuerst habe man an eine geniale Rechenmethode geglaubt. Nachdem er auch Wände in der Mensa, im Auditorium maximum und im Rektorat nachts verschandelt hatte, sei nun eine polizeiliche Untersuchung nicht zu umgehen gewesen. Zuerst habe er unterschiedliche Zahlen ausgewählt, jetzt genüge ihm die Ziffer

„8" in allen Farben und Größen zur Darstellung des modernen Lebens. Würde man lange genug das Bild betrachten, erschlösse sich einem der Sinn des Kunstwerks, zitierte die Zeitung den Künstler. Eine Heilung sei nicht zu erwarten. Es sei fraglich, ob er die Klinik jemals wieder verlassen könne.

Zitternd verbrachte ich drei Wochen im Bett. Ich fühlte die zerstörerischen Kräfte, die ihn vernichteten, auch in mir. Wie wahnsinnig zählte ich meine Atemzüge, die Blumen im Garten, die vorübergehenden Leute, mal eine Stunde lang, mal nur zwei Minuten. Und schrieb die Ergebnisse auf.

Nach drei Wochen packte mich die Wut der Verzweiflung. Wie würden wir beide reagieren, wenn ich ihn besuchte? Die Klinikleitung erlaubte dies „ausnahmsweise".

Oliver empfing mich sogar mit meinem Namen. Ich war gerührt. Das Eis war gebrochen. Er redete nicht viel, sondern gab mir einen Pinsel, um damit die Wände mit Zahlen zu beschreiben. Es entwickelte sich eine eigenartige Kommunikation. Wir schrieben die Zahlen kreuz und quer in allen Farben an alles Bemalbare im Zimmer. Die Wärter klebten immer wieder neue Tapeten an die Wände, damit wir Platz hatten. Wir waren glücklich. Meine Zählneurose verschwand.

Nach einem Jahr weigerte er sich, mich zu sehen.

Überraschend stellte sich bei mir später Erfolg ein: Ich wurde Chefredakteur und dachte nicht mehr an meinen Schulfreund.

Bis ein Bericht über Oliver zeigte, dass er sich weiterentwickelt hatte. Aus unseren Zahlenkritzeleien fabrizierte er Bilder, die eine „unheimliche Wirkung" („Tageszeitung") verbreiteten. Der Betrachter glaube, eine Landschaft zu sehen, bemerke aber bald, dass sie nur aus Zahlen bestand. „Gaukelt uns der Maler mit seinen Ziffern-Landschaften eine Möglichkeit des einfachen Lebens vor? Jedenfalls haben die Bilder einen gewinnbringenden Erfolg. Sie hängen in den großen Galerien der Welt", schrieb die „Tageszeitung".

Übrigens. Wir hatten nie mehr Kontakt miteinander.

Aber im Innersten bin ich der Überzeugung, dass sich unsere Persönlichkeiten und Krankheiten aufeinander bezogen. Habe ich meinen neurotischen Teil auf ihn übertragen und hat er mich davon so befreit, dass ich Chefredakteur werden konnte? Habe ich ihn so „befruchtet"; dass er ein Weltkünstler wurde?

Ja, ich meine, es war so. Wie das geschehen ist? Wer weiß das schon. Es war gut so.

Der Dichter

Deutsche Dichter mit Seelenpein reisen vorzugsweise gen Süden, um sich durch die mediterrane Leichtlebigkeit heilen zu lassen.
Faustus Fahrer, Jahrhundertdichter ohne Nobelpreis, behandelte seine Scheidungserschütterung am Strand von R. mit einem Glas lauwarmen Kamillentees als Balsam für die Magengeschwüre und den Reizdarm. Der Rotwein tröstete ihn über den Misserfolg seines Romans „Jeder wirft Schatten" hinweg. Ließ er seinen Schriftstellerblick die Küste entlang schweifen, erfasste ihn die blanke Wut über die Art und Weise, wie würdelos sich erwachsene Menschen am Strand präsentierten: Da grinste die halbe Pospalte einer Zweizentnermatrone aus Köln die Weltöffentlichkeit an und nebenan brüllten zehn Bierbäuche aus dem Rottal die geographische Verortung eines gewissen Hofbräuhauses heraus, welches in München stehen soll.
»Wo finde ich das südliche Heil?«, rief der Dichter verzweifelt und floh in die Chiesa di Santa Maria dei Miracoli. Heiliges Kirchendunkel umfing den Dichterling. Die Lungen dehnten sich leichter, die Muskeln lockerten sich und das Kopfweh war im Nu verschwunden! Fand er hier Heilung?
Sonnenstrahlen lichteten das Dunkel und verdüsterten seine Stimmung. Am Hochaltar konkurrierten nackte Engelchen mit den Badenixen am Strand. Zahlreiche Figuren zeigten auf ihr brennendes Herz, als wollten sie es verkaufen, und eine Frau jammerte vor der Kitsch-Standardausgabe der Lourdes-Madonna: „Santa Maria, Santa Maria, ora pro nobis peccatoribus."

Mit der Erkenntnis, auch hier weder Heil noch Heiligung zu finden, verließ der Romanschreiber diesen Ort der enttäuschten Hoffnung und fand sich im Gedränge des Samstagmarkts wieder. Dort quetschten den Tiefdenker aus dem Norden übergewichtige Touristen wie einen Sandwichbelag zusammen. Stierblickig schleppten die Schönsten-Tage-des-Jahres-Fanatiker päckchenweise Unterhosen nach Hause, schleiften Kisten mit Pflaumen, Pfirsichen oder Pfifferlingen zum Auto und füllten Taschen mit Würsten, Käse und Oliven. Die Kinderchen erschrien sich Bonbons, die Väterchen trieb es zu Bierhahn und Hähnchen und der feinsinnige Literat aus Nordland verlor sein Bewusstsein.

La vita e bella!

„Vor drei Tagen ist er eingeliefert worden", vernahm das Wochenmarktsopfer einen Pfleger hinter sich, der den Rollstuhl schob.

„Er weigert sich, in die Wirklichkeit zurückzukehren", machte sich die Vinzentinerin mit Schwalbenkopf wichtig.

„Ein Urlaubshysteriker. Kommen aus dem dunklen, feuchten Norden, sehen Sonne und Schönheit und können sie nicht ertragen. Vor der Venus in Florenz fallen sie reihenweise in Ohnmacht, vor allem Amerikanerinnen. Der da", damit meinte der Pfleger offensichtlich den Dichter, „gehört auch zu den Hysterikern!"

Als der norddeutsche Autor diese Worte hörte, durchstieß er seine Ohnmacht und schrie die beiden an, was sie sich einbildeten, wer er sei, sie sollten erst einmal einen Roman schreiben, bevor sie so blöd daherredeten. Sie seien hier im Süden schließlich alle Alltagshysteriker.

Nach dem nun folgenden Anfall beruhigte sich der Dichter dank der Spritzen des Psychiaters. Den Rest seines Lebens verbrachte er in einem nur für ihn gebauten Häuschen innerhalb der geschlossenen Abteilung der psychiatrischen Klinik von R. und schrieb jedes Jahr einen Roman. Der Titel seines letzten, unvollendeten Werks lautete: „Das Paradiesgärtlein."

Das Egomännchen

Er bot ein Bild des Jammers: mein langjähriger Freund Walter, Cellist beim LebensSinnQuartett. Blutig im Gesicht und mit zerrissenem Anzug stürzte er in meine Wohnung, warf mir seinen Cellokasten vor die Füße. Der Kasten sprang auf und Teile des kaputten, wertvollen Instuments fielen heraus. Theatralisch verkündete Walter: „Ich bin am Ende, zerstört, mein Leben gescheitert, mein Cello vernichtet!“
Nach seinem Konzert mit Bachs Suiten für Cello solo habe ihn eine Gruppe Randalierer zusammengeschlagen und sein Cello zertrümmert: „Your fucking face“, sollen sie geschrien haben. Ob er bei mir übernachten könne. In diesem Zustand sei es ihm nicht möglich, allein zu sein. Ich hieß ihn willkommen.
Nach einer Woche war er bei mir eingezogen:
"Es macht dir doch nichts aus?"
"Nein, natürlich nicht. Wahre Freunde ..."
Alle Konzerte hatte er abgesagt. An die Wohnungstür schraubte er drei Sicherheitsschlösser. Er verließ diesen geschützten Raum meiner Wohnung nicht mehr. Den ganzen Tag lag er herum; mal bekam er einen Tobsuchtsanfall, dann weinte er stundenlang, dann wieder war er wochenlang nicht ansprechbar.
Nach einem Vierteljahr war ich mit meiner Geduld am Ende. Nachdem er schon so lange hier lebte, konnte ich ihn doch nicht mehr hinauswerfen! Das Cello lag noch immer mitten im Wohnzimmer; machte ich Anstalten, es zu entfernen, schrie er mich an, ob ich ihn vernichten

wolle.
Da erinnerte ich mich an die Sage vom Egomännchen, die mir meine Oma erzählt hatte. Das Egomännchen quäle Menschen so lange, bis sie das Richtige tun. Man müsse solchen Menschen nur vom Egomännchen erzählen, dann ginge alles wie von selbst. Also berichtete ich Walter von unserem Nachbarn Heinrich Fürgott. Statt seinen Bauernhof anständig zu bewirtschaften, verprasste er beinahe sein ganzes Einkommen im Wirtshaus. Die Familie litt darunter. Deshalb habe ihm die Oma vom Egomännchen erzählt. Als er am nächsten Tag sein Bier trinken wollte, wurde ihm schlecht und er übergab sich. Dem Wirt erzählte er, er habe im Traum ein kleines Männchen gesehen, das vor ihm gesessen sei und ihn angestarrt habe. Seither habe er so ein komisches Gefühl im Bauch. Auch am nächsten Tag musste er sich übergeben, als er sein Bier trinken wollte. Nach drei Wochen schaute er kein Bier mehr an. Er sei ein ordentlicher Bauer geworden.
Walter kommentierte diese Geschichte mit „Verarschung, Dummheit und Aberglauben“ und ging ins Bett.
Mitten in der Nacht polterte er aus der Wohnung und kam erst nach drei Tagen zurück. Er schleppte eine Schlagzeugbatterie ins Wohnzimmer, stellte sie neben dem Cello auf und begann zu trommeln. Ein Männchen, so erzählte er, habe sich auf seine Schultern gesetzt und mit Trommelstöcken auf seinen Kopf eingeschlagen. Um diese unvorstellbaren Kopfschmerzen zu lindern, habe er intuitiv das Schlagzeug gekauft. Mit dem Kauf sei der Schmerz verschwunden. Und was für ein Wunder: Mit dem ersten Schlag auf die Bassdrum war seine Liebe zum Cello wiedererwacht. Er werde sich sogleich ein neues Instrument kaufen.
Wieder blieb er drei Tage weg. Als er hereinkam, schrie er: „Unvorstellbare Qualen habe ich erlitten. Das Egomännchen hat ununterbrochen auf mich eingeredet.“

Er hatte sein neues Cello mitgebracht und lehnte es neben sich an das Sofa und redete, redete, redete zwei Monate ohne Unterlass, rezitierte Gedichte, erzählte selbsterfundene Geschichten; deklamierte Faust- und Hamlet-Monologe, leierte Adalbert Stifter herunter und schimpfte wie Thomas Bernhard, sogar im Schlaf plapperte er weiter. Den Redefluss unterbrach er nur, wenn er sein Cello bearbeitete oder auf seinem Schlagzeug herumpolterte.
Einmal hörte ihn ein Künstleragent durch das offene Fenster und vermittelte (innerhalb weniger Tage) eine Konzertlesung. Der Erfolg war ungeheuerlich: „Ein Wolfgang Neuss der Moderne“ oder „Oskar Matzerath reloaded“, las man in den Zeitungen. Ab und zu zupfte er an einer Seite des Cellos, wechselte zum Schlagzeug und schlug auf die Trommeln ein.
Bei einem Konzert in der Berliner Philharmonie stand er plötzlich auf und verließ den Saal.
Nach drei Tagen kam er zurück und summte, pfiff, sang und schrie mich an: „Das Egomännchen hat mir so viele Melodien vorgesungen, dass sie meinen Körper zum Platzen bringen!“
Nun hörte ich den ganzen Tag Melodien von „O mio babbino caro“ bis „Es gibt kein Bier auf Hawaii“. Dann erfand er auch noch eigene.
Er saß den ganzen Tag im Wohnzimmer und trommelte, spielte das Cello, sang dazu oder las Geschichten und Gedichte vor, kombinierte Rhythmik, Melodik und Texte in immer neuen Variationen. Nach drei Wochen zog er in sein eigenes Haus. Er gründete das „Trio in one“ und tourt seit einem Jahr mit größtem Erfolg durch die ganze Welt.
Was war ich froh, als er auszog.
Dann aber überschattete eine dunkle Wolke mein Leben. Zitternd an allen Gliedern lag ich wochenlang im Bett. Als ich eines Tages meine E-Mails abrufen wollte, sprang ein kleines Männchen aus dem Computer auf die Tastatur und

hüpfte darauf herum. Es kreischte fürchterlich, wenn ich nicht den Buchstaben drückte, auf dem es gerade stand. So leitete es mich zum Schreiben dieser Geschichte an. Das Zittern ist verschwunden. Jetzt sitzt das Egomännchen auf dem Computer und schaut mich erwartungsvoll an.

Die Flöte

Der Jugendliche rutschte mit seinen leblosen Unterschenkeln die Untere Bachgasse in Regensburg entlang in Richtung Kohlenmarkt. Mit zwei Stöcken hievte er seinen Oberkörper hoch, schob ihn nach vorne und senkte ihn nach unten. Stöcke vor, Körper nachziehen, niedersinken. Die Knie rieben sich am Kopfsteinpflaster blutig. Wie ein Urzeitreptil quälte er sich zu den Stufen des Lebensbrunnens. Dort blieb er ermattet liegen. Sein vernarbtes Gesicht lehnte er an den Sockel des Brunnens und starrte vor sich hin.

Mich rührte diese Erscheinung. Ich ging zu dem jungen Mann und fragte, woher er komme. „Aus dem Krieg“, antwortete er. Ich gab ihm zwanzig Euro.

Wenige Wochen später sah ich ihn wieder am Lebensbrunnen. Viele Leute hatten sich um ihn gruppiert. Ein Polizist herrschte ihn an, er dürfe hier nicht herumlungern, sein Anblick störe. So ein verstümmeltes Gesicht könne nicht jeder ertragen. Die Kinder würden vor seinem Anblick erschrecken.

Der junge Mann packte seine Stöcke und krabbelte die Untere Bachstraße zurück, dorthin, woher er gekommen sein mag. Ich folgte ihm und sprach ihn an: „Woher kommen die Verletzungen?“

„Folter!“

Ich steckte ihm zwanzig Euro in die Manteltasche.

An einem Herbsttag wanden sich durch Nebelschwaden wackelige Flötentöne, als ich über den Kohlenmarkt ging. Einsam saß er um neun Uhr Früh da und übte auf einer Blockflöte das Lied „Maikäfer flieg!“.

„Schön, was Sie da spielen! Wo haben Sie es gelernt?"
„Nachdem sie meine Beine zertrümmert hatten, habe ich meinen Vater verraten. Sie haben ihn zu Tode gefoltert." Er sprach gut deutsch. Meine Frage beantwortete er nicht. Ich warf ihm zwanzig Euro zu und verschwand im Nebel.
An einem Sommersonnentag im nächsten Jahr begegnete ich ihm wieder. Die Menschenmassen und Touristengruppen dampften in den Cafés vor sich hin, schlangen die Eisbecherkalorien in ihre Fettmassen hinein und stellten ihre nackten Fleischberge zur Schau. Begeistertes Klatschen riss mich aus meinen moralischen Betrachtungen zur Sommerkleidung. Die Bravorufe galten – meinem Zwanzig-Euro-Empfänger, der auf einem bequemen Stuhl saß, Tischchen mit Kaffee und Kuchen vor sich. Er gab ein Konzert mit virtuosen Barockstücken.
Ich hörte bis zum Ende zu und klatschte mit den anderen Zuhörern begeistert Beifall. Als er aufbrach, ging ich zu ihm.
„Wie haben Sie das geschafft?"
„Ich habe drei Mietshäuser in die Luft gejagt. Hunderte von Toten!"
Wieder antwortete er nicht auf meine Frage. Ich streckte ihm zwanzig Euro entgegen und er nahm sie ohne ein Dankeschön.
Einige Jahre vergingen, ohne dass ich ihn sah. Manchmal dachte ich an ihn. Zum Silvester-Konzert 2xxx schenkte mir eine Bekannte, deren Mann gerade gestorben war, eine Konzertkarte. Der Solist des Abends war der junge Mann. Ich freute mich unbändig über seinen Erfolg beim Publikum mit dem Flötenkonzert Nummer 1 in G-Dur von Friedrich dem Großen. Tosender Applaus. Nach der üblichen Neunten von Beethoven gab es Gelegenheit, in Räumen des Theaters mit den Künstlern zu reden und das neue Jahr zu feiern. In einer Nische hockte er und schrieb in ein Büchlein.
„Wie haben Sie diesen Erfolg geschafft?"
„Ich kam aus dem Krieg in Bosnien und ein Mann schenkte

mir zwanzig Euro.“
Ich errötete. „Ich, ich war der ...“, setzte ich zur Erklärung an.
„Was waren Sie?“
Erstaunt richtete er seinen Blick auf mich. „Ich war ... der lauteste Bravo-Rufer heute.“
„Freut mich!“
"Was schreiben Sie da?"
"Ach, nur so. Notizen über mein Leben. Wie mir einmal ein Mann zwanzig Euro gab. Damit kaufte ich mir eine Blockflöte und ..."
Nach einer Stunde verabschiedete ich mich, ohne ihm zu sagen, dass ich der Mann war, der ...

Das letzte Konzert

Als fünfjähriger Junge begeisterte Serenus Sacer Fernsehzuschauer und Konzertbesucher mit seinem Geigenspiel. Besonders Mütter und Großmütter jauchzten vor Entzücken, wenn das Kind, und später der Jüngling, im feinen Schneideranzug mit Fliege auf die Bühne tippelte, sich artig verbeugte, vor das Orchester trat und anfing, die „Hummel“ von Rimski-Korsakow in einem hummelfremden Tempo durch einen Konzertsaal und über Millionen Fernsehschirme fliegen zu lassen.
Als er an seinem achtzehnten Geburtstag bei einer beliebten Show am Samstagabend auftrat und ihn der Moderator fragte: „Was fühlen Sie, wenn Sie eine nackte Frau sehen?“, zerschlug er die Geige auf dem Kopf des Fragestellers und ging.
Fünf Jahre hörte und sah man nichts mehr von ihm. In den Klatschspalten tauchte er hin und wieder als Bettgenosse der ... auf.
Dann verbreitete sich eine Nachricht rasend schnell: „Sacer spielt ein Konzert auf der Waldbühne.“
Sein Auftritt: Dreihundert Mann zweier Symphonieorchester und ebenso viele Choristen intonierten den Triumphmarsch aus „Aida“.
Im strahlendem Weiß der Scheinwerfer erschien Serenus Sacer. Riesig auf den Fernsehbildwänden, ein Punkt vor den Musikern.
Frenetischer Beifall stieg in die Berliner Luft. Sein grasgrüner Haarbusch leuchtete bis in die letzte Reihe. Die Kleidung glitzerte in Gold und Silber.

Den Rhythmus der Musik unterstreichend leuchteten rote Herzchen und grüne Ringe auf und versetzten die Mütter in Ekstase. Seine Geige, ganz aus Glas, glänzte festlich. Mit ihr jagte er Till Eulenspiegel durch seine Streiche, als wäre Richard Strauss mit Joey Tempest auf der Bühne. Jung und Alt, Mozartjünger und Kegelbrüder jubelten diesem neuen (und) alten Star der Unterhaltungsmusik zu. In den nächsten Jahren wurden Haarbüschel à la Sacer Zeichen ehrgeiziger Jugendlicher. Das Kasperlemuster beschäftigte die Haute Couture, und die Unterhaltungsmusiker bedienten sich aus dem klassischen Repertoire.
Beim zehnjährigen Jubiläumskonzert auf der Waldbühne störte es Sacer, dass die Leute, während er spielte, aßen und tranken und miteinander redeten. Der Aufforderung, still zu sein, folgten sie nicht. Diesmal zertrümmerte er nicht nur seine Geige, sondern auch das Dirigentenpult, eine Harfe und drei Celli. Die Zuhörerschaft schloss sich seinem Verhalten an und zerlegte alles, was nicht niet- und nagelfest war.
Diesmal hüllte sich Sacer sieben Jahre lang in Schweigen, bis eine Zeitung ankündigte: „ER spielt wieder!"
Mit größter Spannung erwartete die gesamte Öffentlichkeit dieses Ereignis. Schon die Eintrittspreise erregten Aufmerksamkeit: Ein Platz in der letzten Reihe der Alten Kapelle in Regensburg kostete 10.000 €, für die vordersten Plätze zahlte man 100.000 €.
Am Abend der Aufführung erschien Sacer in einem langen schwarzen Mönchsgewand, kahlköpfig, mit einer weißen Geige, setzte sich, ohne auf den frenetischen Applaus zu achten, auf einen einfachen Küchenstuhl vor dem Hochaltar – und wartete. Nach einer Viertelstunde hob er Instrument und Bogen und spielte zehn Minuten lang den Kammerton, das eingestrichene a. Danach stand er auf und verschwand.
Die Besitzer der teuren Karten schwärmten noch jahrelang

von dem Konzert als dem wichtigsten Ereignis ihres Lebens. Ein Kritiker resümierte: „In diesem Konzert ist nicht nur die Musik zu sich selber gekommen. Diese Musik bessert die Menschen auch moralisch."
Von Serenus Sacer hat man nie wieder etwas gehört.
Und die Konzertbesucher schwiegen auf die Frage ihrer Enkel, ob der Kritiker recht hatte und sie bessere Menschen geworden seien.

Das Leben für 29,99 Euro

Die dreißigjährige Elisabeth Zwanziger war wieder einmal arbeitslos. Nach tagelangem Herumstreunen in der Stadt hatte sie am Lebensbrunnen eine Idee: Warum nicht seinem Wasser, das als besonders rein galt, Heilkräuter zugeben und als Lebenswasser verkaufen?
Bei der Stadtverwaltung sah man keine Probleme, wenn sie nur die Pacht von 3.000,00 € im Jahr zahle und die Unterhaltskosten von ca. 1.400,00 € übernehmen würde.
Bei diesem Preis schluckte die unter der Armutsgrenze lebende Elisabeth heftig, aber ihr Optimismus setzte sich durch.
Am 1. Mai wollte sie ihre Erfindung auf dem Kohlenmarkt vorstellen. Motto: „Ein Glas Wasser für das Leben."
Bereits drei Monate vor diesem Termin erschienen wiederholt Artikel in verschiedenen Zeitungen, in denen die Heilwirkung des „Lebenswassers" der Firma Aqua Vitae nach jahrelangen Untersuchungen von Universitäten als „wissenschaftlich erwiesen" verherrlicht wurde. Dem reinsten Wasser Bayerns aus dem Lebensbrunnen in Regensburg seien Heilingredienzien aus Feuerland, Mauretanien, Neuguinea und vielen anderen Ländern zugefügt worden, die bisher noch nie Anwendung gefunden hätten.
Der Frau Marianne S. aus B. habe diese Mischung die schwere Migräne vertrieben und die offenen Beine von Herrn Sebastian J. aus K. seien glatt wie ein Kinderpopo geworden. Die Angst, die viele Menschen wegen der Weltlage, der Familie, der Gesundheit und des Berufs ergriffen hatte, wurde von dem Wasser in Seelenruhe verwandelt, wie eine Reihenuntersuchung der Universität Uppsala bestätigt hat.

Als am 1. Mai dieses neue Mittel auf dem Kohlenmarkt zum Probieren und zum Kaufen war, standen die Leute Schlange. Einführungspreis: 29,99 €.
Frau Zwanziger hatte den Brunnen großartig ausstaffiert, Blumengirlanden zierten ihn in den Farben der Firma Aqua Vitae: weiß, blau, grün. Eine kleine Musikgruppe mit Gitarre, Harfe und Geige lockte süße Gedanken in den Kopf der Besucher und von dort zu ihrem Herz und von dort zum Magen, wo ja das Lebenswasser den Ausgangspunkt für die Verbreitung seiner heilenden Wirkung fand.
Frau Zwanziger eilte im schicken Ärztekittel von Gruppe zu Gruppe und ermunterte zum kostenlosen Probieren und zum Fühlen des eigenen Körpers und der Energieströme darin, die dem Schluck Lebenswasser zu 29,99 € folgten.
„Mir wird ganz warm ums Herz, ah!“, verkündete eine ältere Dame mit Rollator. Ein parkisonszittriger Herr schluckte das Wasser und staunte über seine ruhigen Hände. Eine erblindete junge Mutter konnte plötzlich wieder sehen. In kürzester Zeit war der Kohlenmarkt so von Wunderheilungsgeschichten erfüllt, dass bereits nach zwei Stunden das Lebenswasser ausverkauft war.
Die Jahreskosten für den Brunnen waren eingespielt, der Lebensunterhalt für dieses Jahr auch, nur die vierwöchige Reise in die Karibik, der Herzenswunsch der erfolgreichen Unternehmerin, musste sie noch erarbeiten.
Deshalb kündigte sie einen weiteren Verkaufstermin an: am Muttertag von 14 bis 16 Uhr. Diesmal standen zwei Varianten zum Verkauf: Lebenswasser pur zu 29,99 € und Lebenswasser plus zu 39,99 €.
Die Mixtur des Lebenswassers plus soll zusätzlich eine Wurzel aus Sibirien haben, die das Leben um zwanzig Prozent verlängert.
Die Mütter brachten Frau Zwanziger nicht nur in die Karibik, sondern auch in einen 3er BMW.
Am Pfingstsonntag hatte sie erneut einen Stand um den Le-

bensbrunnen aufgebaut, Sensation diesmal: Lebenswasser super 49,99 €. In ihm sollte ein geheimnisvoller, unbekannter Heilpilz aus Neuseeland seine Wirkung entfalten.
Eine Stunde nach Beginn des Verkaufs kam ein älterer Herr zu ihr und sagte: „Ich bin Apotheker. Ich habe ihr Wasser untersucht. Reines Leitungswasser ist das Lebenswasser pur, das Lebenswasser plus ist mit einem Tropfen Alkohol und das Lebenswasser super mit Zitronensaft versetzt. Sie sind eine Betrügerin. Ich werde ihnen das Handwerk legen und die Polizei rufen.«
Der Apotheker zückte sein Handy.
Da drehte sich der Körper der Elisabeth mehrfach um seine Achse und sank mit einem Schrei zu Boden. Besorgte Kunden betteten ihn bequem auf die Stufen. »Schnell, schnell, Lebenswasser super!«, rief der Apotheker in Panik. Und flößte langsam der Lebenswassererfinderin ihr Heilmittel ein.
Nach dem dritten Schluck öffnete Elisabeth die Augen, seufzte tief und rief: »Ich bin gerettet! Danke!« Wild umarmte sie den Apotheker.
Das war das letzte Mal, dass am Lebensbrunnen das Wasser verkauft wurde. Denn das Lebenswasser hat der Elisabeth Zwanziger das Leben als Frau des Apothekers verschafft.
Dieser bot ein halbes Jahr nach der Hochzeit seine Lebenstropfen pur zu 29,99 €, seine Lebenstropfen plus zu 39,99 € und seine Lebenstropfen super zu 49,99 € an und sparte dabei auch noch die Ausgaben für den Brunnen.

Weltgeschichte

Gott besah sich Himmel und Erde. Sie waren wüst, leer und finster. Verwesungsgeruch benebelte seine Sinne. Von allen Seiten quälten ekelerregende Schmatz- und Blubbergeräusche seine Nerven. Schmerzhaft zog Trauer seine Brust zusammen: Das war das Ende seines Werkes! Die Menschen hatten die Schöpfung zerstört.

Gott schwebte über den Ruinen der Erde. Er suchte Trost.

»Es werde Licht!«, schrie er in das Dunkel.

Nichts geschah.

Hoffnungsfroh war er damals ans Werk gegangen. Sein Leben würde erfüllt sein von der Freude über die Menschen und die Welt.

»Es werde Licht!«

Schwarze Wolken waberten herbei und nahmen ihm beinahe vollends die Sicht.

Wie anders hatte die Geschichte begonnen: Das Chaos verwandelte sich in den Kosmos. Das Licht schuf Hoffnung. Gott sprühte damals vor Schaffenskraft.

Was hatte er nicht alles in fünf Tagen erschaffen. In Gedanken schritt er nochmals durch den Garten Eden mit seinen Gewässern, Hügeln, Gebirgen, Tälern. Die Frösche, Fische, Quallen, die Gazellen, Elefanten, Löwen, die Adler, Schmetterlinge und Bienen: Wo waren sie jetzt?

»Die Harmonie der ersten Tage machte mich übermütig«, dachte Gott. »Hätte ich nur aufgehört! Der verfluchte sechste Tag.«

Seither arbeitete Gott daran, die Menschen zur Vernunft zu bringen.

Im Schweiße ihres Angesichts hatte er sie hart arbeiten lassen, dann hatte er fast alle ertränkt, der Feuersturm über Sodom und Gomorrha hätte sie an bessere Sitten heranführen sollen.
Es nützte nichts: Mit Mord und Totschlag waren sie übereinander hergefallen.
Moses hatte ihnen die Gesetzestafeln gebracht, David hatte Harfe gespielt, Salomon Gerechtigkeit ausgeübt.
Es hatte nichts genützt: Die Stärkeren rafften wie bisher alles zusammen, was sie kriegen konnten.
Propheten ermahnten zur Tugendhaftigkeit, Sibyllen prophezeiten die Zukunft, Johannes taufte und predigte.
Es nützte nichts: Die Menschen befriedigten gierig jede Lust.
Da griff Gott zum äußersten Mittel, seinem Sohn. Sein Vorbild hätte den Geist der Menschen reinigen und bessern sollen.
Es half nichts: Sie haben ihn verlacht, gefoltert, getötet.
Als er sein eigen Fleisch und Blut am Kreuz hängen sah, dachte sich Gott: »Das war die letzte Chance, meine Schöpfung zu retten.«
Von diesem Augenblick an saß er starr in einem Sessel und schaute untätig den Menschen zu, wie die
Gläubigen die Ungläubigen,
die Reichen die Armen,
die Weißen die Farbigen,
die Kommunisten die Kulaken,
beraubten, schlugen, vergasten, folterten, versklavten, quälten, erhängten.
Was interessierte Musik, Wissenschaft oder Kunst die Menschen? Waffen waren ihre Leidenschaft.
Mit dieser Erkenntnis wartete Gott auf den letzten Kampf: Zuerst meinte Ostland, das Westland hätte es bedroht, und sandte eine Atomrakete zur Hauptstadt Westlands. Noch bevor die Atomrakete über der Hauptstadt von Westland explodierte, schickte Westland eine Atomrakete zur Hauptstadt von Ostland und zugleich eine Atomrakete zur zweitgrößten

Stadt Ostlands. Weil aber Ostland mit Südland verbündet war und Südland sich von Westland bedroht fühlte, schickte es eine Atomrakete zur zweitgrößten Stadt von Westland, hatte aber die Route falsch berechnet, sodass die Rakete in Richtung der Hauptstadt von Nordland flog, das sich bedroht fühlte und, noch bevor irgendeine Atomrakete explodiert war, eine Atomrakete in Richtung der größten Stadt Südlands abschoss und zeitgleich eine in Richtung der drittgrößten Stadt Ostlands und sicherheitshalber noch eine zur viertgrößten Stadt, sodass sich zu diesem Zeitpunkt sieben Atomraketen in der Luft befanden, die aber noch durch weitere Raketen, welche die Länder aufeinander abfeuerten, ergänzt wurden, sodass in der Minute Null, noch bevor eine Atomrakete explodiert war, siebenhundertsiebenundsiebzig Atomraketen todbringend durch die Lüfte schwebten – eine Zahl, die sinnlos war, denn jede einzelne Atomrakete hatte die Gewalt, die gesamte Menschheit in sechzig Sekunden zu töten, egal, ob sie über Feindesland oder über dem eigenen explodierte.

Sinnend packte Gott seine Habseligkeiten zusammen, schulterte seinen Rucksack und verließ den Ort des Schreckens. An anderer Stelle wollte er es noch einmal probieren.

Auf dem Weg dorthin durchzuckte ihn ein Gedanke: „Du würdest doch alles wieder so machen und die gleichen Misere anrichten, wenn du dich nicht selbst änderst. Von den Menschen verlangtest du Demut, dich selbst hältst du für allmächtig. Und hast doch die Macht über sie verloren. Du hältst dich für allgegenwärtig und hast keinen Überblick mehr.“ Hart ging Gott mit sich ins Gericht und beschloss, sich mehr zurückzunehmen. In Zukunft dürften die Menschen die Äpfel vom Baum des ewigen Lebens essen, nackt herumlaufen oder um das Goldene Kalb tanzen. Und siehe da, wie friedlich wurden die Menschen in der neuen Welt, gingen Hand in Hand durch das Leben, fochten selten Streitigkeiten mit Gewalt aus und arbeiteten mit Freude. Nicht,

dass es keine Morde, Diebstähle und Vergewaltigungen mehr gab; aber der Fortschritt gegenüber der ersten Welt war gewaltig.
Und Gott schaute einigermaßen zufrieden auf seine Schöpfung.

Homers Hirn und Luthers Bibel

Die Stunde des endgültigen Abschieds war gekommen. Der Imperator Maximus, der letzte Herrscher der Spezies, die man einmal Homo sapiens genannt hatte, traf bei den Teufelsfelsen ein.

In einem großen Krieg, ausgelöst von der Frage, ob die Natur wichtiger sei als Gott, hatten die Tiere, die Pflanzen und die Mineralien die Erde gegen die Zerstörung durch die Menschen verteidigt. Die Verlierer hatten im Friedensvertrag unterschrieben, sich der Entmaterialisierung durch ein Schwarzes Loch zu unterziehen.

Der letzte Herrscher der Menschen übergab dem Flamingo, der als Moderator die Erde ordnete, eine altgriechische Vase mit dem Hirn von Homer und einer Erstausgabe der Lutherbibel. Nach der feierlichen Übergabe warf der Flamingo die letzten Zeugnisse menschlicher Kultur in das Wasser.

Der Imperator Maximus begann seine Rede:

„Tiere, Pflanzen, Mineralien! Um Abschied zu nehmen, komm ich her! Als Besiegte verlassen wir die Erde. 300 000 Jahre lebten wir hier. 300 000 Jahre versuchten wir, uns die Erde untertan zu machen im Auftrag einer höheren Macht. Wir haben gejagt, gebaut, bekriegt, erfunden, erforscht, versucht, gezüchtet, gedacht, geliebt, geherrscht, aber ihr, die Kräfte der Natur, habt gesiegt und seid die wirklichen Besitzer der Erde. Uns hat ein böser Geist hineingeworfen in einen Kampf, den wir nicht gewinnen konnten. Das war ein kleines Missverständnis. Als falsche Gattung zur falschen Zeit am falschen Ort zu handeln, bringt nur Unglück. Spät haben wir das erkannt. Das ist unsere Schuld. Wir sind einem

falschen Propheten gefolgt. Und nun reut es uns, euch durch unsere Anwesenheit so viel Kummer bereitet zu haben. Mit der Verwüstung der Erdoberfläche durch Raubbau und Zersiedelung, der Vernichtung vieler Tierarten und der Gettoisierung der Pflanzen haben wir Leid und Elend über euch gebracht. Das ist beendet. Im Namen aller meiner Mit-Menschen bitte ich euch um Entschuldigung und wünsche euch alles Gute. Lebt wohl." Er kämpfte mit den Tränen.
Da ergriff der Flamingo das Wort. „Mir, als dem gewählten Moderator der Welt, fällt die Aufgabe zu, euch endgültig von der Erde zu weisen. Ein böser Geist habe euch missbraucht, sagst du. Uns ist er nicht bekannt. Ihr selbst seid dieser Geist, der umtriebig die Erde beinahe vernichtet hätte, wäre die Natur, also wir, nicht gegen euch aufgestanden.
Unser Leiden ist zu Ende. Besteige nun das Boot hinter dir, das dich auf den Ozean hinausbringt, um in einem schwarzen Loch zu verschwinden. Ihr meintet, alles rühre von einem kleinen Missverständnis her. Das ist falsch, ein riesiges Missverständnis war eure Existenz. Leb wohl, kann ich nicht sagen. Fahre dahin, muss ich sagen."
Mit eisigem Blick verfolgte der Flamingo den Abzug des letzten Menschen so lange, bis sich Boot und Passagier im Meeresdunst aufgelöst hatten.
Da brach ein gewaltiger Jubel aus, der den ganzen Erdball erschütterte. Homers Hirn und die Bibel Luthers löste das Wasser im Laufe der Jahre auf. Und so entstand das Paradies: ohne Gott und ohne Menschen – die reine Natur.
Aber der Affe da, dort, im Süden, er zeichnet mit einem Stock ein gleichseitiges Dreieck ...

Der Besuch des Kriegs

Der Krieg tobte in Allürien. Niemand wusste, wer gegen wen kämpfte. Niemand wusste, warum er kämpfte. Niemand wusste, wer ihn angefangen hatte. Jedenfalls wütete der Krieg nach Herzenslust und bereitete den Kriegern große Freude. Die einen sammelten Reichtümer, die anderen schickten ihre Seelen in den Himmel.
Bis zum Waldbauernhof Eichengrund im Dunkelwald drang er aus Pflichtgefühl vor. In den Städten und Dörfern hatte er seine Pflicht schon erfüllt. Leichen und Ruinen ließ er zurück. Nur noch Weiler und Einzelhöfe standen auf seiner Liste. Nun der Waldbauernhof.
Der Waldbauer konnte mit seiner Frau und den vier Mädchen den Lebensunterhalt erwirtschaften, mehr aber auch nicht. Die Angst vor dem Krieg überschattete die Tage. In ihren Träumen tobte er in aller Grausamkeit.
Der Krieg marschierte auf das Haus zu. Er umkreiste die Gebäude. Hielten sich Bewohner im Freien auf? Nein. Durch ein Fenster des Bauernhauses schaute er auf eine Tischgesellschaft von vier weiblichen Jugendlichen, einer etwas reiferen Frau und einem älteren Mann.
Der Krieg schlich in das Gebäude. Vor dem Wohnzimmer lauschte er eine Weile. Dann setzte er seine wildeste Miene auf und entsicherte die Kalaschnikow. Mit einem Schrei trat er die Tür ein und brüllte: „Auf den Boden, alle auf den Boden!“ Diesem Befehl gehorchten die Hausbewohner sofort.
Er tastete die Liegenden nach Waffen ab, besonders intensiv die Frauen. „Aufstehen und setzen!“
Die Frauen zitterten, der alte Mann schnappte nach Luft.

„Du da, ausziehen!“, befahl der Krieg einem Mädchen, dessen volle Formen ihn erregten. Er öffnete seinen Gürtel und ließ die Hose zu Boden fallen. Das Mädchen knüpfte ihr Kleid auf. Da störte die leise Stimme des Alten.
„Herr, Herr, ich weiß, Ihr werdet meine Frau und meine Töchter vergewaltigen und uns töten."
„Kluger Mann. Was willst du dagegen unternehmen?“
„Herr, Ihr tut, als hättet Ihr die Stärke von zehn Bullen, aber Eure Augen blinzeln müde!“
„Deine Weiber und dich bring ich immer noch unter die Erde.“
„Du kannst das schweinisch ausführen wie die meisten deiner Anhänger. Ein Mann mit so großer Verantwortung wie du, sollte sich wie ein Mann von Ehre verhalten. Du bist der Krieg, gut, vergewaltigen und töten gehören zu deinen Aufgaben. Auch gut. Aber mach es mit Anstand!“
„Wie soll das wohl gehen: stilvoll vergewaltigen und umbringen?“
Er zog die Hose wieder hoch.
„Ihr seid müde und müsstet etwas essen. Das bereiten Euch die Frauen vor. Während Ihr ruht und Kräfte sammelt, machen sich die fünf für Euch bereit: Sie waschen sich, schmücken sich und ziehen sich nett an.“
„Essen! Ja, zum Teufel, da hast du recht. Erst das Essen, dann die Weiber, äh, Damen. Aber nicht davonlaufen!“, ermahnte er die Frauen, die in der Kellergrube Vorräte zur Essensvorbereitung holen wollten, „sonst foltere ich Euren Vater zu Tode! Ganz schweinisch!“
Nachdem sie die Speisen in die Küche gebracht hatten, stopfte sich der Krieg den Mund so voll, dass er nicht mehr kauen konnte.
„Langsam, Herr, langsam. Ihr wollt doch noch Eure im Krieg erworbenen Güter genießen. Auf diese Weise ruiniert Ihr Eure Gesundheit.“
„Du bist 'ne Marke. So fürsorglich um einen, der deine Wei-

ber, äh, Damen, vergewaltigt und dich und sie umbringt? Du führst doch was im Schilde! Ich habe das Gefühl, du willst mich reinlegen."

„Herr, ich bin ein anständiger Mensch. Ehrlich währt am längsten!"

„Das deckt sich nicht mit meinen Lebenserfahrungen."

Der Krieg schlang weiter alles in sich hinein, was die Frauen auf den Tisch luden, besonders das selbst gebraute Bier mit hohem Alkoholanteil.

Mit vollgestopftem Magen rülpste er sich zum Sofa, legte sein Sturmgewehr AK-74, zwei Messer und eine Drahtschlinge zum lautlosen Töten neben sein Ruhelager.

„Rühr die Waffen nicht an. Jedem, der sie widerrechtlich anfasst, geschehen schreckliche Dinge. Also: Finger weg!" Sprach er und war eingeschlafen.

Die fünf Frauen räumten die Reste des Mahls auf. Mit Murren gehorchten sie dem Wunsch des Hausherrn, sich für den „Gast" schön zu machen. Aber sie vertrauten dem alten Mann. Er mag sich dabei schon etwas gedacht haben. Sie schmückten sich wie noch nie in ihrem Leben. Sie trugen lange Gewänder, die sie selbst geschneidert hatten. In Violett erschien die Mutter, in Rot, Grün, Gelb und Blau die Schwestern, die in einem Alter waren, in dem die Geschlechtsreife wie die Morgensonne strahlt. Die Ausschnitte ließen verschiedene Busenformen erahnen, zwei lange Seitenschlitze gaben hell schimmernde Beine frei. Die Stoffe umwoben die anmutigsten Körperformen, sodass die wunderbar gerundeten Pobacken mal in vollem Reiz hervortraten, mal vom wallenden Stoff verdeckt wurden.

Nach einer lauten Schnarchphase wachte der Krieg auf. Gierig verschlangen seine Augen die erotischen Erscheinungen.

„Mir ist ganz schwindlig!", klagte der Krieg, als er den Rock der Frau des Waldbauern hochheben wollte. Er drehte sich ein paarmal um seine Achse und torkelte gegen den Mann, der ihm Halt gab.

„Ich hatte Euch doch gewarnt. Ihr habt alles gefressen. Das hält der Kreislauf nicht aus."
„Trotzdem: Ich will die Weiber! Jetzt! Da hängt doch eine Gitarre an der Wand. Spiel, Bäuerlein, spiel. Und ihr tanzt, damit ich in Stimmung komme."
Ganz sachte zupfte der Bauer die Gitarre. Die Frauen schaukelten auf den Füßen hin und her. Dann schleuderten sie die Unterschenkel nach vorne, wackelten mit den Hüften, umkreisten den Krieg, nahmen in bei der Hand und walzten mit ihm in hohem Tempo durch die Wohnstube.
Der Krieg tanzte mit. Bald wankte er nur noch hin und her, verlor seine Hose, fiel nieder, rappelte sich auf, klammerte sich an die Tanzpartnerin, die ihn lange im Kreis herumdrehte, bis ihn der Schwindel zu Boden zwang, wo er sein Hemd auszog, die Hose herunterstrampelte und kriechend den Tanzenden nachjagte, so gut er konnte. Erschöpft blieb er nackt in einer Ecke liegen und jammerte: „Mir ist so schlecht. Du hast mich übertölpelt, Bauer."
„Nein, Herr, ihr habt das selbst getan. Kein gesunder Mensch überlebt so eine Fresserei, Herr. Aber der Krieg ist nun mal gierig."
„Klugscheißer", sagte der Krieg und wurde ohnmächtig.
Die Waldbauernfamilie schleppte den Bewusstlosen zum Sofa und warf ihn achtlos darauf.
„Wir bringen ihn um", schlug die Mutter vor.
„Ich steche ihm ein Messer in den Bauch!", nahm sich die älteste Tochter vor.
„Ich schneide ihm den Penis ab", trillerte die Jüngste.
„Pfui, ihr Furien, wollt ihr nicht besser sein als der Krieg? Könnt ihr nicht redlicher denken als er? Schämt euch!", warf ihnen der Vater und Mann vor.
„Nein, wir wollen nicht besser sein als er. Wir wollen Rache für die Angst, die er uns eingejagt hat und für die vielen Verbrechen, die er begangen hat!" Darauf beharrten die Frauen.
Der Vater und Mann predigte lange, was er unter Menschen-

rechten, Menschenwürde und Menschenliebe verstand, erläuterte die Begriffe Verzeihung, Gnade, Demut und entwarf ein Bild der menschlichen Gesellschaft mit Verantwortung, Brüderlichkeit und Barmherzigkeit. Außerdem verpflichte die Genfer Konvention zur Menschlichkeit im Krieg.
Die Frauen waren zu Tränen gerührt. Sie holten warme Decken und Kopfkissen und betteten den Krieg so bequem, wie sie es vermochten.
Nach zwei Tagen erwachte er und weinte bitterlich.
„Was bedrückt Euch, Herr?“, fragte der Vater.
„Ach, ich sehe euch so friedlich und zufrieden hier sitzen. Sicher, ihr seid nicht reich. Aber ihr habt euch. Ihr lebt zusammen! Ich bin allein. Die einsamen Stunden quälen mich. Keine liebende Frau umfängt mich. Ich muss Gewalt anwenden, um eine zu kriegen. Wenn ich eine Schlacht gewonnen habe, dann saufe ich bis zur Bewusstlosigkeit, aber der Kater verschlimmert meine Stimmung. Nie endet das Morden.“ Nach einer langen Pause: „Aber nicht sentimental werden. Ich muss euch ja noch vergewaltigen. Also los, wer will die Erste sein ???“
Die Frau des Mannes trat vor, entkleidete sich.
Wie sehr sich der Krieg bemühte, es zeigte sich keine sexuelle Erregung. Nach einer halben Stunde gab er es auf.
„Nun hat das Leben gar keinen Sinn mehr!“, barmte der Krieg. „Warum ist das so? Sag, alter Mann, warum bin ich wie ich bin?“
„Ach, Herr, ihr seid nicht so viel anders als wir.“
„Warum denke ich nur an Waffen, Kampf, Gewinn, Betrug, Vergewaltigung und Mord?“
„Herr, das seid nicht Ihr. Das ist euer Rollenbild, das euch eure Eltern, Verwandten, Bekannten und Nachbarn eingeprägt haben.“
„He, alter Mann, das ist richtig. Immer haben sie vom Krieg geredet. Ich müsse meine Heimat schützen, die Religion verteidigen, die Feinde vernichten ...“

„Und so wurdet Ihr zu Eurem schlimmsten Gegner!"
„Das Rollenbild ist mein ärgster Gegner? Was soll ich tun, damit ich es loswerde?"
„Es tobt in eurem Kopf herum. Ihr müsst es töten."
„Aber wie?"
„Wie andere Feinde auch. Erschießt es."
„Ja, aber dann sterbe ich auch."
„Nicht, wenn Ihr alles richtig macht. Also, Ihr müsst die Augen ganz fest schließen. Stellt Euch Euer Rollenbild vor. Wenn Ihr es ganz realistisch seht, dann nehmt die Pistole und schießt auf Euren Feind."
„Und dann bin ich ein Mensch wie du?"
„Dann bist du ein normaler Mensch wie wir."
„Warum sterbe ich nicht, wenn ich auf das Rollenbild in meinem Hirn schieße?"
„Man nennt das Transsubstantiation. Das Bild wird lebendig und lebt getrennt von Euch ein eigenes Leben. Es ist wie eine zweite Person, die unabhängig von Euch stirbt."
Der Krieg setzte sich auf das Sofa, legte sich nieder, zog eine Walther hervor und schloss die Augen. Gebannt schauten der alte Mann und die Frauen auf seine Bewegungen. Nach einer Viertelstunde hob der Krieg die Pistole hoch und schoss sich in den Kopf.
Die Familie vergrub die Leiche weit vom Haus entfernt. Die Waffen legte der alte Mann neben das Sofa.
Am nächsten Morgen waren die Waffen und der Mann verschwunden.

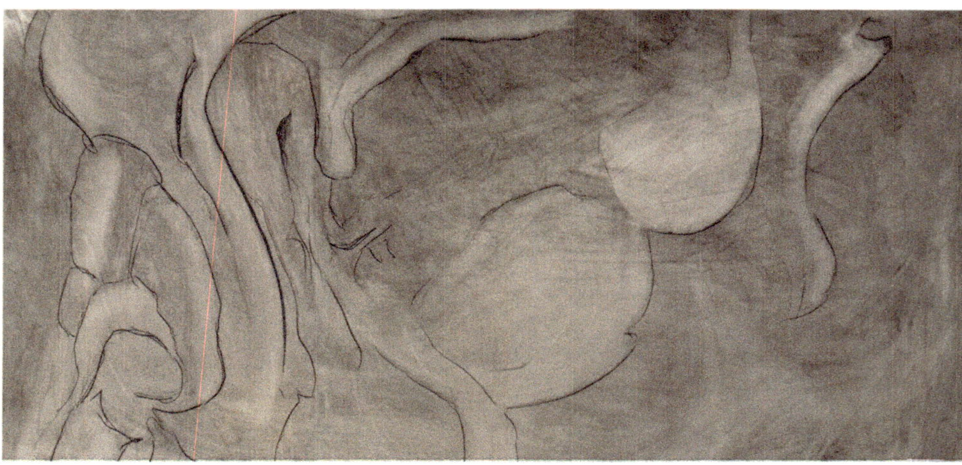

Katzenjammer - eine Textcollage

Ordnung

„Meise geht zur Meise, Fink zu Fink, der Storch zur Störchin, Feldmaus zu Feldmaus, Hausmaus zu Hausmaus, der Wolf zur Wölfin ..."

Adolf Hitler: Mein Kampf, München 1933, S. 311

Der Weltvollender

Auf einem Matratzenberg lag ein Männlein unbestimmten Alters. Ein Aktenkoffer mit einem roten Knopf stand etwas außerhalb der Reichweite der Arme des liegenden Mannes auf dem Bett. Leuchtend rot signalisierte eine Schrift: „Nuclear football!"
Kurz schlug der Mann die geröteten Augen auf. Er blickte sehnsüchtig vom obersten Geschoß des »Tors zum ewigen Frieden« auf das Meer.
Er hatte den „Turm von Babel" vollendet! Die Menschen sprachen eine Sprache, waren ein Volk, hatten eine Religion und handelten einheitlich nach seinem Willen.
"Weltvollender befiehl, wir folgen dir!"
Zur Einweihung hatte er einen Soldaten als Engel verkleidet, von einem Hubschrauber herabschweben und ihm die Frage stellen lassen: „Wer ist wie Gott!?"
„Ich!", hatte er geantwortet.
Seither regierte er von hier aus, tausend Meter über dem Meeresspiegel, die Welt.

Denkmal

Heldenanwärter: Ach, bitte schön, Herr General, ich möchte ein Held werden.
General: Schön, Helden brauchen wir dringend. Welches Vorbild haben Sie?
Heldenanwärter: Was haben Sie denn so im Angebot?
General: Siegfried, den Stolz der Germanen!
Heldenanwärter: Nö, der wurde ja ermordet!
General: Dann vielleicht Hermann, den Cherusker, er hat die Römer geschlagen.
Heldenanwärter: Immerhin. Aber haben Sie nichts Anspruchsvolleres?
General: Doch: Herkules! Dazu braucht man aber das Griechisch- und Lateinabitur.
Heldenanwärter: Nein, keinen Intellektuellen. Wenn ich Siegfried wähle: Wie sieht das Denkmal nach meinem Heldentod aus?
General: Moment mal, ich muss im Katalog nachschauen: Bronze, zweite Wahl, Kleinplastik, 50 cm.
Heldenanwärter: Zu mickrig. Und was ist mit Odysseus?
General: Der hat Denkmalverbot wegen unsoldatischen Verhaltens. Die feige Sache mit dem Pferd. Unehrenhaft! Ein Sonderangebot hätte ich noch: Reiterstatue mit Fahnenstange, zehn Meter hoch. Zwölf Jahre Dienst, Heldentod? Na ja.
Heldenanwärter: Wer ist das denn?
General: Der Führer.
Heldenanwärter: Was für ein Führer?
General: DER!
Heldenanwärter: Kenn‘ ich nicht. Was muss ich dafür tun?

Die Verehrung

Bis vor drei Tagen hatte sich der alte Mann im „Tor des ewigen Friedens“ für unsterblich gehalten. Dann hatte der Körper seinen Dienst aufgekündigt. Eine plötzliche Schwäche hatte ihn ins Bett gezwungen. Seine Seele, lange eingefroren, regte sich jetzt und wollte sich auf den Tod vorbereiten.
Mild drangen von weitem Lobgesänge des Volks in das Zimmer.
„Du Feuer der Liebe, Du Künder der Freude, Du Lenker des Denkens, Du Hort des Fühlens, Gott schenke dir ein langes Leben.“
Ein Lächeln huschte über das babyglatte Greisengesicht. Der Gesang kräftigte ihn. „Aufstehen, Uniform anziehen und im Studio die Rede zum heutigen Tag der Freiheit“ halten.“ Die Welt sollte seine Summa Vitae hören, seine Bibel der Neuen Zeit.

Helden

Sportreporter:
Das Schreien nähert sich. Gleich müssen sie in die Helena-Arena vor Troja einlaufen. Ja, da kurvt kreischend Hektor auf den Kampfplatz ein, dann Achilles: Er jagt den Helden von Troja wie eine Katze die Maus. Hektor taumelt, kommt zum Stehen, dreht sich um. Ja, er scheint seinen Verfolger zu erwarten. Will er kämpfen statt fliehen?
Wenige Meter vor dem stehenden Hektor stoppt Achilles seinen Lauf. Zornig mustert er seinen Feind, der nach Luft schnappend, stoßweise eine Rede an den Griechen richtet. Wir gehen näher heran, damit unser Mikrofon die Worte einfängt.
Hektor:
»Dreimal umlief ich die Feste des Priamos,

nimmer es wagend,
Deiner Gewalt zu trotzen, allein nun treibt mich das Herz an;
Fest dir entgegenzutreten, ich töte dich oder ich falle."
Reporter:
Was für ein Mann! Er hat nur eine Außenseiterchance. Und, was ist das: Er verspricht, die Genfer Konventionen einzuhalten und die Leiche von Achilles den Griechen herauszugeben. Ein wahrer Humanist!
Was wird der grimme Achilles sagen? Wird er Gleiches mit Gleichem vergelten?
Hören wir die Antwort des Peliden:
„So ist nimmer für uns Vereinigung oder ein Bündnis,
Mich zu befreunden und dich, bis einer gestürzt auf den Boden."
Achilles schwingt seinen Speer, wirft ihn in die Luft und trifft mit ihm das Herz des Trojaners. Der sinkt zu Boden, wälzt sich im Sand in seinem Blut. Beendet Achilles den Kampf? Nein, mit beiden Knien wirft er sich auf den Bauch Hektors, schlägt mit seinem Schild dreimal auf das Gesicht des Trojaners ein. Fürchterlich ist das zerschundene Antlitz anzusehen. Achilles, hör auf, er ist besiegt! Nein, er macht noch kein Ende. Er dreht den Sterbenden um, zieht seine Arme nach hinten und – um Gottes willen! – springt mit seinen Knien auf den Rücken. Ein schreckliches Geräusch!

Die Mutter des Herrschers

Das Weiß lockte durch seine Helligkeit Tränenströme aus den Augen des sterbenden Weltvollenders. Die Farbe Weiß und eisige Temperaturen hatten sein Leben bestimmt. In den Armen der Mutter fror er. Die Kälte machte seine Seele hart. Ausnahmslos weiß gekleidet überstrahlte die Königin alle anderen Menschen. Ihr triumphierendes Weiß machte ihn zum

Nichts.
Riesig füllte seine Mutter, als Operndiva gerühmt in allen Opernhäusern der Welt, sein Denken und Fühlen aus.
Als er die Aufnahmeprüfung an der Musikhochschule in W. nicht schaffte, sang sie:
„Zertrümmert sei'n auf ewig
Alle Bande der Natur."
Als Wunderkind hatte sie ihn bei ihren Konzerten mit auf die Bühne genommen und ihn dem Publikum vorgestellt. Er begleitete sie auf dem Klavier bei einer Arie. Oft mussten sie unterbrechen, denn er konnte mit dem Gesang nicht mithalten. Dann sagte die Mutter zu Publikum: „Hat wieder nicht geübt, der Junge. So sind die Kinder. Spiel weiter!"
Der alte Hass auf sie rührte sich wieder und zugleich seine Zufriedenheit mit seinem Rachefeldzug. Sein folgenreichster Coup war, dass er seine Mutter heimlich nackt fotografierte und die Bilder verkaufte. Skandal! Aber sie nutzte die Gelegenheit gnadenlos aus, ließ weitere Nacktfotos von sich machen und verkaufte den Kalender „Erotische Oper" bestens. Aber der Sohn legte nach. Er hatte Fotos von der Königin und einem Paukisten aus dem Orchester in höchst verfänglichen Positionen rund um das Instrument herum und auf ihm an die „Filmschau" verkauft. Im Kampf gegen seine Mutter lernte er die Skrupellosigkeit, die seinen politischen Erfolg beschleunigte.

Ein Mythos

Es waren einmal sechs Männer versammelt in einem bayerischen Gasthaus. Sie schimpften auf die Regierung, den Bürgermeister, den Papst, die Ehefrauen und die Lehrer.
Da stieß der Sohn der „Königin der Nacht" zu ihnen. Als der Unterforstmeistergehilfe darüber räsonierte, dass nur Deutsche deutsch sein könnten, überfiel den Königinnensohn ein

so plötzlicher Redewahn, dass nach einer Stunde die sechs Männer und mancher Gast aus dem Lokal stehend applaudierten.
Verwundert sah sich der missratene Musiker damit auf der politischen Bühne mit dem gleichen Applaus gefeiert wie seine Mutter auf der Opernbühne. „Sie Koloraturen, ich Wörter, sie Schein, ich Wirklichkeit!"

Die Wörterflut

Unaufhaltsam rollte die noch winzige Wörterlawine seiner Ideologie durch die Länder. Die Wörter Gerechtigkeit, Überfremdung, Vaterlandsliebe, Leitkultur, Führung, Familie, Volk, Heimat suchten Körper, in die sie eindringen und die Herrschaft über Denken und Tun des Besitzers antreten konnten. Damit wurden die so „geheil(ig)ten" Menschen Missionare für seinen Machtanspruch und eroberten für ihn gesellschaftliche Schlüsselstellungen.
Es dauerte keine vier Jahre, bis ein Teil der Bevölkerung zum festen Behälter seiner Heilswörter gestählt war, sodass der Sohn der Königin der Nacht mit seinem Sanctuarium Sanitatis (SS Gesundheilung) in die Welt ziehen konnte, um die restlichen Volksscharen mit seinem Geist zu sakrifizieren.
Manchen musste der Weltvollender nur die Heilswörter vorbeten und schon gehorchten sie.
Andere wieder brauchten den Besuch der Heiligen Justizritter (HJ), um sich zu unterwerfen. Dann gab es einige Völker, bei denen die Aufklärung Langzeitschäden hinterlassen hatte und die noch immer von Menschenrechten und Kritikfähigkeit faselten. Ein bisschen Krieg regelte das.
Krieg war aber auch für die eigene Bevölkerung bedeutsam als ein Stahlbad der Nerven, eine Heilkur für den inneren Schweinehund, eine Gesundung des Willens.
Im letzten Gefecht verwandelten sich die Männer in Kampf-

maschinen wie Achill und die Frauen in die Dulderinnen und Pflegerinnen wie Mutter Theresa.
Der neue Mensch machte den Menschheitstraum wahr: die Vollendung des Turms von Babel.

Auf dem Weg zur Allheit

Ministerium für die Trojanische Aktion zur Infiltrierung der Unterwerfungssehnsucht bei den Untertaninnen und Untertanen zur Verschmelzung von Familie, Staat und Weltvollender.
Geheimerlass Nr. 1
Hiermit verfüge ich, dass das Bild „Der Weltvollender - ein Mensch" in jedem geschlossenen Raum aufzuhängen ist.
An den Bundesautobahnen und Bundesstraßen sind alle fünf Kilometer Großplakate zu errichten. Titel: „Der Weltvollender - unser Vorbild".
In den Städten und Gemeinden sind je eine Straße und ein Platz dem Weltvollender zu widmen; Vollzugsmeldung: 9. November.
Lehrpläne für alle Schularten und Klassenstufen sind zu entwerfen zum Thema: „Der Weltvollender - vom einfachen Mann zum Heilsbringer".
Die Filmwirtschaft hat ab dem 24. Dezember eine siebenteilige Serie über den Weltvollender zu senden. Titel: „Das Leben des Weltvollenders: Wir folgen dir nach!".
Für Kinder sind Bilderbücher und Spielfiguren herzustellen: Der Weltvollender als Polizist, als Bauer, als Schuster ...!
Einheit - Ordnung - Weltvollendung
Willehalm Dik
Oberstaatssekretär der Kommunikation

Ich und Gott

Den greisen Weltvollender suchten Bilder aus den Urzeiten auf. Mit Gott hatte er das Chaos überflogen, mit ihm hatte er den Sündenfall betrauert, mit ihm hatte er sich über die Reinigungssintflut gefreut, mit ihm hatte er schmerzgequält die Passion erduldet. Überall war er dabei gewesen. Die ganze Weltgeschichte hatte er als Schatten Gottes erlebt. Und Gott hatte ihm den Auftrag gegeben: „Vollende mein Werk!“

Na und?

Eigentlich hätte er mit sich zufrieden sein können. Aber ein schales Gefühl des Überdrusses stieg von seinem Magen auf. Die Kriege, die Toten, die Folterungen, die Lager, die Gefängnisse, die Terrorakte: all das Leid und Grauen nur um einem idealen Staat zu schaffen, in dem die Menschen glücklich lebten. Tod, Leiden und Verzweiflung hatte er ihnen gebracht, wenig Gutes.
Hatte es sich für dieses Ziel gelohnt? Ein läppischer Turm?
„Nein!“, sagte überlaut der Weltvollender.
Mit letzter Kraft schob er seine rechte Hand in Richtung des roten Knopfes – nur noch wenige Zentimeter.
Er sank zurück und starb.

Die Katze

In das Weiß des Sterbezimmers kroch ein braunschwarzes Haarbündel. Es begrüßte mit einem "Miau" den Sterbenden. Leichtfüßig springt sie auf das Bett, schnuppert sich den ausgestreckten Arm entlang und schleckt die Hand mit höchstem Eifer, als wolle sie das Leben in diesem Körper erneut entzünden. In voller Hingabe hüpft sie hoch und landet auf dem roten Knopf.

Meine Damen und Herren, was ist das Trojanische Pferd gegen so eine Katze?

Der Tod im Kaufhaus

„Können Sie mir bitte sagen, wo ich einen Tod kaufen kann?“
„Zweiter Stock rechts, Herrenabteilung“, antwortete mit starrem Lächeln eine junge blonde Dame.
Der Mann im schwarzen Anzug mit schwarzer Krawatte folgte dem Hinweis, schlurfte zur Rolltreppe. Er überwand ein anfängliches Schwindelgefühl und fuhr zur Herrenabteilung hinauf.
Dort empfing den Fünfundachtzigjährigen ein korrekt gekleideter Herr mittleren Alters und fragte: „Was kann ich für Sie tun?“
Diese Freundlichkeit tat dem alten Mann, der von der Rolltreppenfahrt erschöpft war, wohl. „Ich möchte einen Tod kaufen.“
„Kommen Sie bitte mit mir, Trauerkleidung haben wir hier drüben.“
„Ich brauche keine Trauerkleidung, die habe ich an. Ich möchte jetzt den Tod.“
Fassungslos blieb der Verkäufer stehen. „Einen Tod haben wir in unserer Herrenabteilung nicht.“
„Wo kann ich dann einen Tod kaufen?“
„Ja, mein Herr, das wird schwierig. Ich glaube, dass wir eigentlich gar keinen Tod verkaufen. Aber gehen sie mal in die Blumenabteilung, vielleicht haben die einen Tod.“
Der alte Mann fuhr zur Blumenabteilung ins Erdgeschoss hinunter.
Dort strahlte ihn eine bildhübsche Auszubildende an: „Was kann ich für Sie tun?“

Einige Sekunden musste der alte Mann verschnaufen, dann brachte er sein Anliegen mit brüchiger Stimme vor: „Ich möchte einen Tod kaufen."

„Oh, wir haben schöne Trauerkränze. Ich zeige Ihnen ein paar Fotos. Wir fertigen nämlich Kränze immer nach den ganz individuellen Vorstellungen unserer Kunden an. Deshalb haben wir keine Musterkränze ausliegen."

Sie holte das Buch mit den Fotos, noch bevor der Mann seinen wirklichen Wunsch erklären konnte.

„Hier, das ist unser schönster Kranz mit der Schrift auf den Schleifen: In treuer Liebe – Dein Mann."

„Meine Frau ist schon lange tot."

„Wer ist dann gestorben?"

„Sie haben mich nicht verstanden. Ich will keinen Kranz. Ich will einen Tod."

„Was für einen Tod?"

„Sehen Sie, junge Frau, mein Arzt hat mir mitgeteilt, dass ich unheilbaren Blutkrebs habe. Ich lebe allein, habe keinen Menschen, der sich um mich kümmert. Ich möchte jetzt sterben. In Ihrem Kaufhaus bekommt man alles, damit werben Sie doch immer. Deshalb bin ich gekommen und möchte meinen Tod kaufen."

Ziemlich erschöpft von der langen Rede geriet er ins Wanken, stützte sich auf das Mädchen und ließ sich von ihm zu einem Stuhl schleppen, auf dem er einige Minuten sitzen blieb.

Das Mädchen hatte ein Glas Wasser und die Abteilungsleiterin geholt. Als sich der alte Mann erfrischt hatte, sagte die ältere Floristin, während sie sich über ihn beugte: „Also, mein Herr, in dieser Abteilung führen wir keinen Tod. Aber gehen sie in die Möbelabteilung im fünften Stock. Vielleicht haben die so etwas."

Nun sank dem alten Käufer der Mut, denn er fühlte kaum mehr genug Kraft in sich, fünf Stockwerke mit der Rolltreppe hinaufzufahren. Er wollte sein Leben unbedingt hier und

jetzt beenden, sodass er diese Qual auf sich nahm.
In der Möbelabteilung setzte er sich auf ein Sofa und nickte ein. Nach zwei Stunden stieß ihn ein Verkäufer an und fauchte unwirsch: „Für Penner ist hier kein Platz. Geh doch zum Bahnhof."
„Entschuldigen Sie. Ich bin kein Penner. Ich möchte einen Tod kaufen."
„Was soll der Unfug, Opa. Geh' nach Hause und schlaf' deinen Rausch aus."
„Man hat mir in der Blumenabteilung gesagt, Sie würden in der Möbelabteilung einen Tod verkaufen. Und den möchte ich jetzt."
Der alte Mann erhob seine Stimme in der Hoffnung, dass ihn andere Menschen hören und unterstützen würden.
„Ja, ja, ich hole den Chef." Der Möbelverkäufer eilte fort und kam nach wenigen Minuten mit einem fülligen Herrn zurück, der auf den alten Mann einredete. „Sie wollen also einen Tod. Den haben wir nicht auf Lager. Aber gut, wir können natürlich alles besorgen. Wenn Sie nur Ruhe behalten wollen. Kommen Sie in mein Büro. Das ist im zweiten Stock, Ausgang C, dritte Tür rechts. Sagen Sie meiner Sekretärin, sie hätten einen Termin mit mir. Ich komme gleich nach."
Schwer atmend schleppte sich der alte Mann wieder zur Rolltreppe. Der Schwindel war so stark, dass er sich beidhändig an den Handläufen festhalten musste.
Ein eiliger junger Mann stieß seine linke Hand mit der Bemerkung „Rechts stehen, links gehen" zur Seite. Der alte Mann verlor den Halt und stürzte auf die Treppe. Die Eisenstufen fuhren ihn nach oben. Der Stoff der schwarzen Anzugjacke verfing sich in den Ritzen, in denen die Eisenstufen verschwanden. Sofort wurde der Nothalt ausgelöst.
Der alte Mann lag auf dem Boden mit offenem Mund, den ein glückliches Lächeln umspielte, und mit weit geöffneten Augen, die reglos auf die sich um ihn sammelnden Menschen

starrten, bis sich jemand niederbeugte, Puls und Herz kontrollierte und endlich feststellte: „Der Mann ist tot.“

Vier Tage nach diesem Vorfall im Kaufhaus fasste sich Marese Busenik, die junge Floristin, ein Herz, und machte sich auf den Weg zum Direktor, um ihm ihre Idee mitzuteilen: „Das würde das Kaufhauswesen revolutionieren und den Gewinn maximieren.“ So prägte sie sich den Schlusssatz ihres Vorschlags ein.
Sie blickte im Umkleideraum für Angestellte in den Spiegel, legte eine Haarsträhne von links nach rechts, eine andere von der Mitte nach hinten, zog den Lippenstift nach und kontrollierte den Sitz ihres hautengen weißen Pullovers.
Vor dem Büro des Direktors straffte sie ihren Leib und trat ein. Selbstzufrieden bemerkte sie, wie sich ihr Erscheinungsbild bewährte. Der Direktor, sonst ein mürrischer Mensch, wurde sichtlich von ihrem Anblick erfreut.
„Nehmen Sie bitte Platz, Frau ... Frau ...“
„Mein Name ist Marese Busenik.“
„Was gibt es, Frau Busenik?“
„Vor ein paar Tagen ist dieser alte Mann hier gestorben.“
„Ja, ja, richtig. Peinlich war das. Eine Schlagzeile verkündete: Tod im Kaufhaus. Das ist keine gute Reklame.“
„Da ist mir eine Idee gekommen.“
„Oh, das ist aber schön, Frau Busenik.“
„Warum verkaufen wir keinen Tod?“
„Was, wieso wir keinen Tod verkaufen? Das geht doch nicht. Wir können die Leute nicht – umbringen!“
„Sehen Sie, Herr Direktor, es gibt jetzt viele alte Menschen. Viele von ihnen sind über achtzig Jahre, krank, einsam. Die wollen nicht mehr leben.“
„Ja, aber die Gesetze!“
„Der Staat will diese armen alten Leute doch ebenfalls loswerden. Sie kosten viel: Krankenkasse, Renten, Pflege, Altenheime.“

„Aber das Menschliche!"
„Es ist menschlicher, ihnen einen schönen Tod zu einer Zeit, die für sie angenehm ist, zu verkaufen, als dass sie in einem Pflegeheim so dahindämmern und von Schmerzen gequält werden wie meine Tante Aurelia."
Sie begann zu weinen. Erschüttert kramte der Direktor aus seiner Hosentasche ein buntes Taschentuch hervor und wischte von den geröteten Wangen seiner Angestellten die Tränen.
„Danke, danke, Herr Direktor."
Ein erneuter Weinkrampf ließ den Körper der Frau Busenik so erbeben, dass der Direktor sie zur weiteren Beruhigung und Entspannung zu einem großen Ledersofa geleiten musste.
„Danke, Herr Direktor, danke. Es geht schon wieder. Sehen Sie, wenn die Gesetze so geändert werden, dass jeder Mensch darüber bestimmen darf, wie lange er leben will, dann ist das doch in Ordnung."
Der Direktor hatte sich zu ihr aufs Sofa gesetzt, um bei einem neuen Anfall schnell behilflich sein zu können.
„Es widerspricht den Menschenrechten, wenn Menschen nicht einmal den Zeitpunkt ihres Todes selbst bestimmen können", erläuterte die Floristin.
„Ja, das ist richtig. Ich möchte ihn ja auch bestimmen. Ich überlege ständig, wie das zu schaffen ist."
„Sehen Sie, Herr Direktor, sehen Sie! Das Recht auf den eigenen Tod für alle Menschen zu erkämpfen, ist für unser Kaufhaus eine schöne und lohnende Aufgabe."
Das sah der Direktor ein und veranlasste alles Nötige.

Wenig Zeit verging, bis ein Gesetz beschlossen wurde, nach der es den Bürgern des Landes erlaubt war, unter ärztlicher Aufsicht den Zeitpunkt ihres Todes selbst zu bestimmen.
Und noch im selben Jahr eröffnete das Kaufhaus eine Abteilung „Schöner Sterben", deren Leiterin Frau Marese Busenik

wurde.
Der Ansturm war riesig.
So ziehen nun jeden Tag ab zehn Uhr kleine Gruppen schwarzgekleideter Menschen, Sterbewillige in Rollstühlen schiebend oder auf fahrbaren Betten transportierend, durch den Haupteingang in den Konsumtempel ein, schreiten langsamfeierlich durch die sich teilende Menge von Käufern, vorbei an der duftenden Parfümerie, vorbei am Rauchwaren- und Zeitungskiosk, vorbei an der Teppichabteilung und den Schmuckständen zum schwarz drapierten Portal der Sterbeabteilung. Im Abschiedsraum tauschen sie mit dem Sterbenwollenden letzte Worte. Anschließend wird dieser in den Sterberaum geschoben oder von einem Angestellten geführt, wo ihm ein Arzt eine Spritze gibt, deren Substanz das Leben auf angenehme Weise beendet. Im Beerdigungsraum erfolgt dann die Feuerbestattung oder die Einsargung. In der Kapelle können die Gläubigen ein Requiem lesen lassen, um gleich darauf im unterirdischen Friedhof den geliebten Verstorbenen zu begraben.
Der Gewinn des Kaufhauses verdoppelte sich im ersten Jahr, im zweiten Jahr verdreifachte er sich. Die Menschen fühlten sich an diesem Ort des Konsums wohl, im Leben wie im Tod.
Der Direktor und das Fräulein Busenik wurden über das Jahr ein Paar.

Der Große Gulo

Es war einmal ein Mann, den man den Großen Gulo nannte. Alle Menschen, die mit ihm essen mussten, ekelten sich vor ihm, weil er Riesenportionen mit abstoßendem Blubbern hinunterschlang. Alles stopfte er in sich hinein.
Schon bei der Geburt auf dem Marktplatz von Jesi erregte ein furchtbares Geräusch die Nervenbahnen der Bevölkerung: Es klang, als hätte eine tausendköpfige Kuhherde Abführmittel gefressen. Als sie zuschauen mussten, wie der neue Erdenbürger mit seinen zahnlosen Kiefern die Nabelschnur zerbiss und sie gurgelnd hinunterwürgte, da erbrachen die Geburtszeugen ihr Mittagessen.
Das Neugeborene mit dem Verstand eines Erwachsenen lauschte mit Unbehagen dem Konzert der sich Übergebenden. „Sie mögen mich nicht. Sie haben Angst vor mir", bilanzierte er seine erste Begegnung mit seinem Volk.
Die alte Zauberin, die schon Vater und Großvater des gegenwärtigen Königs schöne Zeiten prophezeit hatte, stellte sich neben das Neugeborene und verkündete: „Das wird einmal ein ganz großer Mann! Ein Weltenheiler!" Tränen der Rührung rannen ihr über die Backen. Und sie verschwand.

Seine Rolle als Weltenheiler spielte der Königssohn unvollkommen. Bis zum Alter von sechs Jahren aß er alles, was er in die Finger bekommen konnte. Er zerschmetterte jedes Spielzeug, das ihm gebracht wurde: das Kasperletheater, die Eisenbahn, die x-Box.
Alles zermatschte er und schlang es hinunter. Ein Allesfresser!

Seiner Gespielin im Sandkasten, der Tochter des Nachbarkönigs, biss er in einem Wutanfall das rechte Bein ab. Den Rachefeldzug des Vaters der Einbeinigen zur Wiederherstellung der Familienehre kehrte er ins Gegenteil um. Dessen Königreich schlug er dem der Eltern zu. Die Einbeinige und ihr Vater durften immerhin in einer Berghöhle ihr Leben fristen, bis der rechte Zeitpunkt ihrer Hinrichtung bestimmt wurde.
Das Volk sagte: „Das wird ein großer Mann!"
Nachdem er in vier Jahren mühsam Schreiben und Lesen gelernt hatte, war es an der Zeit, auch öffentlich seine wahre, sechzehnjährige Größe zu zeigen. Dem standen der König, sein Vater und die Königin, seine Mutter, im Weg. Wer ganze Heere zermalmt, schafft auch die Eltern. Zu einem feierlichen Anlass, den man früher Weihnachten nannte, jetzt Gulotag, saßen sie zu dritt an der Festtafel, als der Sohn aufstand, sich artig vom Vater verabschiedete, dessen Kopf abschlug und in seinem Schlund verschwinden ließ. Bevor die Mutter fliehen konnte, befand sich ihr Kopf neben dem ihres Gatten im Bauch des Sohns, der auch die Restkörper vertilgte.
Anschließend rief er das Volk zusammen und hielt eine historische Rede.
„Hallo! Du und du und du!" Der Zeigefinger der rechten Hand spießte jeweils eine Person aus der Masse heraus. „Wir sind das größte Königreich auf Erden. GuloGuloluja!"
Das ganz Volk donnerte: „GuloGuloluja!"
„Ich schenke euch Arbeit!
„GuloGuloluja!"
„Reichtum!"
„GuloGuloluja!"
„– und Freiheit!"
„GuloGuloluja!"
„Denn ich liebe euch, ja, ich liebe euch über alles!"
„Wir dich auch, wir dich auch! GuloGuloluja!"
„Unser Guloland über alles!"

„Guloland first!“
„Es gibt böse Menschen.“
„Fluch ihnen!“
„Die saugen unser Land aus.“
„Gott verdamme sie!“
„Sie fressen euch die Kartoffeln weg.“
„Wir wollen sie selbst fressen!“
„Sie lachen uns aus.“
„Das wird ihnen vergehen!“
„Sie kommen als Fremde in unser Land und nehmen es in Besitz.“
„Ausländer raus!“
„Die ganze Welt ist gegen uns.“
„Wir zeigen es ihnen!“
„Wollt ihr, dass ich ihnen das verwehre?“
„Ja! GuloGululuja!“
„Wollt ihr, dass wir wieder ein großes Königreich werden?“
„Mach es so! GuloGululuja!“
„Wollt ihr, dass ich ein großer König werde?“
„Ja, der größte König, der je regierte!“
„Wollt ihr, dass es so wird: Gulo first?“
„Gulo first, Gulo first forever!“
Zufrieden verzog der Gulo sein Maul. Das Volk jubelte. Es wusste nun, zu wem es aufschauen konnte. Und Gulo war glücklich, weil er eine große Futtermenge beherrschte.
So ging er ans Regieren.
Zuerst gab er bekannt, dass die Reichen keine Steuern mehr zahlen müssen, denn er erwartete von ihnen, dass sie ihm freiwillig mehr spenden würden, als er durch die Steuer einnehmen würde. Die Steuern für den Rest der Bevölkerung erhöhte er um zehn Prozent und nannte sie „die Königreichsgesundungssteuer.“ Dann jagte er alle Nicht-Guloer aus dem Guloland. Studenten der Politologie, Soziologie und Philosophie sperrte er als königreichsgefährdende Elemente ein. Die Sozialgesetze strich er zusammen.

Dem Volk schenkte er den TV-Sender „Himmelundhölle“ mit Sendungen wie „Ich gewinne immer“, „Weisheiten des Großen Gulo“ und „Bibel TV“. Vor und nach jeder Sendung wurde zu seinem Bild dieser Satz abgespielt: „Ich liebe dich. Du darfst mir dienen.“

Wer braucht bei so viel Anerkennung noch etwas zum Essen, mag sich der Große Gulo gedacht haben.

Immer lauter klagte das Volk: „Wir lieben dich sehr, aber wir haben Hunger!“

Da dachte der Große Gulo nach und gelangte zur Erkenntnis, dass man Hunger am besten mit einer Sinngebung stillt. Nicht der Magen ist leer, sondern die Seele. Sie hungert nach Zukunft, nach Hoffnung, nach Ziel.

Er suchte einen Sinn für sein Volk. Viele Weise ließ er kommen. Jeder bot sein Sinnprodukt an – Nächstenliebe, Kommunismus, Nationalismus, Familie, Menschenrechte ... Gulo erkannte die Schwäche dieser Sinnangebote: alte Hüte, die neu gefärbt waren. Damit würde er sich lächerlich machen.

Da stellte er sich vor seine Untertanen in einem weiten roten Umhang und predigte: „Menschen, Unbehagen drückt euch täglich die Brust, die Seele und das Gehirn zusammen.“

Die Menschen murmelten Zustimmung: „So gut kennt er uns. Unser Leiden wächst ins Unerträgliche. Hilf uns, wir können nicht mehr!“

„Ich weiß, warum es so ist!“

„Warum, o sag es uns!“

„Ihr liebt euch nicht selbst!“

„Selbstliebe ist eine Sünde!“

„Das haben euch falsche Leute eingetrichtert. Liebt euch selbst, dann empfangt ihr Heil.“

„Und die Nächstenliebe?“

„Ich bin euer Nächster: Liebt euch, dann liebt ihr mich. Wer mich liebt, dem schwindet alles Leid.“

„Du bist wir, wir sind Du!“

Der Weltheiler schrie: „Wir verschmelzen ineinander und

sind dann nur noch eine Einheit: Ich bin ich. Wir sind ein Körper, eine Seele, ein Geist! Und das alles heißt: Gulo."
Erfüllt von dem Hochgefühl, nicht mehr der sein zu müssen, der man ist, sondern ein anderer, besserer, spürten die Untertanen den leeren Magen nicht mehr so stark. Nach drei Tagen quälte er sie erneut.
Die Untertanen pilgerten zu ihrem Herrscher und beklagten den Hunger, den sie spürten, obwohl sie ja eigentlich „er" seien und „er" offensichtlich genügend zu essen bekam.
Der Weltheiler rief ihnen zu.
„Ich leide mit euch. Unser Nachbar im Norden hat riesige fruchtbare Ländereien. Dort finden wir genügend Nahrungsmittel, um euren Hunger zu stillen."
„Hunger, Hunger!"
„Die Zeit des sprachlosen Leidens ist vorbei!"
„Wir haben Hunger!"
„Eure Nahrung haben euch bisher andere Menschen schamlos weggefressen."
„Pfui, pfui, wer ist das?"
„Die Demokratler im Norden."
„Wir holen, was uns gehört!"
„Ich bin euer Feldherr."
„Sei du unser oberster Feldherr, Großer Gulo!"
„Auf zum Krieg, auf zum Sieg!"
„Großer Gulo, wir loben dich,
Großer Gulo, wir preisen deine Stärke,
führ uns zum ewigen Licht,
Leucht uns wie eine Kerze!"
Und so zogen sie in den Krieg.
Aber die Wahrheit kannte niemand, außer Gulo. Da er klammheimlich sein eigenes Volk auffraß, wurde es immer kleiner. Er brauchte also Nachschub, um seinen Bauch zu füllen.
Dass immer wieder Leute auf Nimmerwiedersehen verschwanden, kümmerte das Volk wenig, denn erstens könne

bei so einem Herrscher nichts Unrechtmäßiges geschehen, und zweitens sei der Dienst am Herrscher ein Liebesdienst für Gottes Lohn, und drittens war es allen egal, was Einzelnen passierte.

Der Krieg begann. Gulo vorne dran, denn seine Gier, alles aus den kriegführenden Ländern zu verschlingen, war riesig. Als das Nachbarland völlig kahlgefressen war, hatte das eigene Volk aber immer noch Hunger, denn der Große Gulo hatte keinen Bissen abgegeben.

„Hunger, wir haben Hunger!", schrie es dem König entgegen. Der konnte sich wegen seiner Fettmassen kaum noch bewegen.

Matt murmelte er: „In meinem Magen ist genug zum Essen. Holt es euch."

Das Volk machte sich auf den Weg, schritt in das geöffnete Maul und verschwand im Schlund. Als der Letzte im Maul war, klappte es der Große Gulo zusammen und schluckte sein Volk hinunter. Aber sein Magen war schon so voll, dass sein Körper vor lauter Überdruck platzte und der Große Gulo in Millionen Stücke zerbarst, die als Sternchen am Himmel stehen.

Und jetzt, liebe Kinderchen, eine gute Nacht.

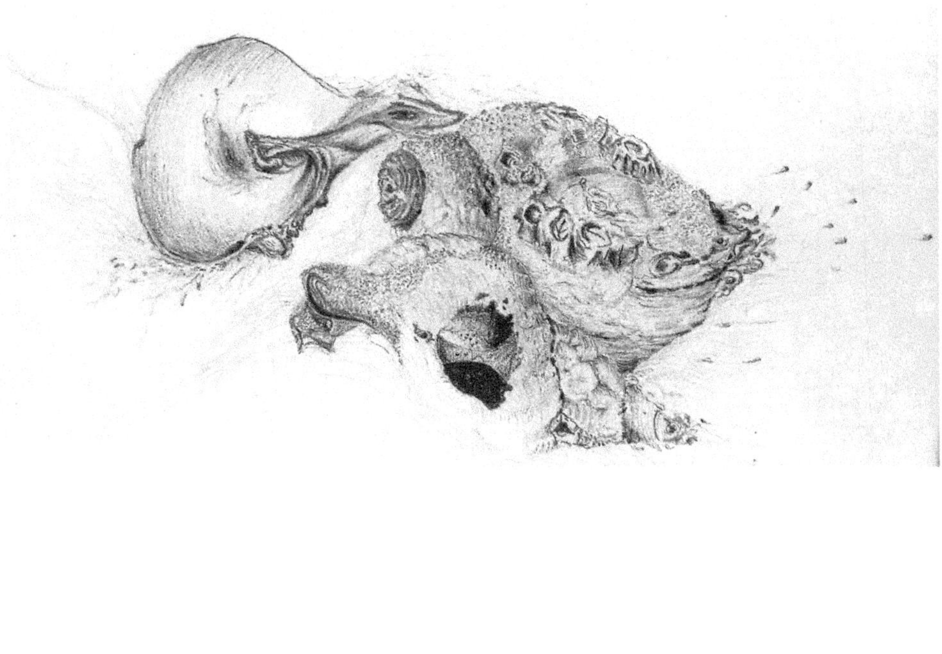

Europa

Aus den geheimen Erinnerungen eines Krisenmanagers

Schöne Frauen werden von solchen Männern umworben, die sie für eine adäquate Kopie ihrer Seele halten und deshalb den alleinigen Besitzanspruch anmelden:
Ich liebe mich – ich liebe dich!
Du bist mein - ich bin dein!
Wir bin ich!
Ich!

Zeus, wenn man den Berichten glauben darf, gehörte zu der Männerkategorie sexgieriger Egomanen. Er entführte Europa in einem feurigen Gefühlstaumel.
Wir, Mitarbeiter des mythopolitischen Instituts (MPI), bezweifeln die Richtigkeit des Gerüchts. Zeus mangelten für solch einen Akt die psychischen Voraussetzungen. Er gehörte zu den Überkompensationsimpotenten. Deshalb verkleidete er sich als Stier, damit Europa seine Versagensängste nicht sofort bemerkte. Gerüchte, die heute noch auf Kreta kolportiert werden, schildern, dass die ganze damalige weibliche Bevölkerung dazu angestellt war, Zeus zu helfen. Umsonst! Europa blieb Jungfrau und lebte als Fantasiegestalt machthungriger Männer weiter. In Wirklichkeit vegetierte sie in einem Bauernhäuschen auf Kreta im Bett dahin. Die Schreckstarre nach den Vergewaltigungsversuchen durch Zeus ließ sie regungslos wie einen Stein daliegen. Immerhin konnte sie sich mit ihrer Magd unterhalten.
Zeus hingegen schaute nach seiner Tat in einen Spiegel und rühmte sich: „Der Europa hab ich's aber gegeben.“ Auf ähnliche Weise verfuhren nachfolgende Könige, Kaiser und Päps-

te. Sie schmückten sich mit griechisch-römischen Lorbeeren, ohne deren Geist und Bildung zu besitzen.
Vor zwei Jahren erschütterte eine Systemkrise die Welt: Kriege, Flüchtlinge, Atombomben, Terror ... Da schrumpfte ihr Selbstbild zum Kleinformat: Die Selbsttäuschung half nicht mehr. „Ad fontes! Zu den Quellen!", forderten sie und kamen sich sehr alteuropäisch vor. Deshalb fiel ihnen die echte Europa ein. Vielleicht hülfe sie aus der Patsche. Für die Planung und Durchführung holten sie uns zu Hilfe. Wir, das MPI, erarbeiteten einen Krisenplan.
Unsere Voruntersuchungen ergaben, dass ohne Hilfe der alten Europa nichts gelingen werde. Sie trüge von Geburt an das Wissen um Aufgaben und Funktion der Idee „Europa" in sich. Wir statteten ihr einen Besuch ab. Sie erklärte uns, dass sie nach den Erlebnissen mit Zeus zwar in Schreckstarre verharre und tief im Inneren erlöst werden wolle, aber die Kaiser, Könige und Fürsten hätten von der Weltherrschaft geträumt, nicht von ihr, Europa. Die Politiker der Europäischen Union redeten dauernd über sie, priesen ihre Schönheit, ihre Anmut, ihre Weisheit.
Besucht habe sie jedoch keiner.
Die Krise brachte alle durcheinander:
Im Norden forderte ein Land viel Geld, damit es aus dem Verein austreten könne. Ein anderes schaffte die Grundrechte der Bürger ab. Ein drittes jubelte einer Diktatorin zu usw. Es herrschte ein Chaos.
Wir gestalteten ein Hilfsprogramm für Europa und führten es trotz der Widrigkeiten durch.
Die wichtigsten Politiker des Parlaments und der Kommission besuchten Europa. Wir erhofften uns, dass die Schönheit dieser Frau, die uns hat sprachlos werden lassen, die Männer (und zwei Frauen) der „Führungsebene" in einen Europaenthusiasmus versetzen würde, der sie zu Vollbluteuropäern werden ließe. Als sie am Bett der Dame standen, priesen sie in höchsten Tönen ihre Schönheit und jeder wollte sie besit-

zen (auch die zwei Frauen). Sie stritten so lange um das Recht der ersten Nacht mit ihr, bis sie erschöpft und zeugungsunfähig unter ihrem Bett lagen. Europa sagte nur: „Raus!"
Beim zweiten Schritt sollte ein Prinz die Prinzessin wachküssen. Wir beauftragten damit den Präsidenten von Frankonien, weil dieses Land über einen hohen erotischen Charme verfügen soll. Wir schickten ihn nach Kreta. Was rackerte sich der Mann ab: Er küsste sich die Lippen wund ... Wir feierten schon den Erfolg. Da platzte seine Frau Marianne herein und ohrfeigte den Mann, bis er wieder in seinem Schloss saß.
Nun verließen wir die Menschenwelt, sie stellte sich zu ungeschickt an. Wir riefen eine Konferenz europäischer Wappentiere zusammen und alle, alle kamen: die Adler und Löwen, die 70 Prozent der Versammlung ausmachten, ein paar Pferde, ein Einhorn, ein Drache, eine Milchziege, eine Kuh und ein Marder.
Selbst wenn uns die Tierwelt im Vergleich zu den Menschen immer hoffnungsfroher stimmte, beobachteten wir die Versammlung mit Skepsis.
Der Drache übernahm die Führung: „Also, Kameraden, die Menschen stellen sich dumm an. Nicht, dass wir sie retten wollen, nein, aber unsere Reputation hängt an diesen Versagern. Was sagen unsre Kollegen in Afrika, Asien oder Amerika zu unserem Scheitern?"
„Sie lachen uns aus!", brüllte wütend ein Löwe.
„Sie beleidigen uns", wieherte ein Pferd.
„Sie ziehen uns durch den Kakao", ereiferte sich eine Biene.
„Wer bist du denn?", brummte der Löwe.
„Die Biene Maja!"
„Was willst du hier?"
„Mitreden!"
Totenstille; dann brüllte der Drache: „Schmeißt sie raus! Hier sind nur Erwachsene zugelassen."
„Ich gehe von selbst", sirrte das Bienchen, flog gemächlich ei-

ne Runde und schwebte hinaus.
„Warum dieses Volk sich überall einmischt. Also", fuhr der Drache fort, „wir müssen das Problem lösen."
Nach einer geheimen Beratung wurde uns mitgeteilt: „Wir, die Wappentiere, regeln die Sache!" Mehr erfuhren wir nicht.
Da wir sehr skeptisch schauten, fauchte uns der Drache mit einem Feuerstoß an: „Wir sind keine Menschen. Wir haben Erfolg!"
Und dann, nach nur zwei Tagen ...
Wir, das MPI, können nur erahnen, was geschehen war. Das Einhorn war beauftragt worden, diesen Fall zu lösen. Und nun gibt es mehrere Versionen des Geschehens:
Erstens: Es soll dort so herumgetobt haben, dass Europa von dem Lärm aufgewacht sei. Das Einhorn habe sich von ihr besänftigen lassen. Als es seinen Kopf in den Schoß Europas gelegt habe, sei vor lauter Liebe zu diesem schönen Tier ihre Schreckstarre verschwunden. Diese Liebe habe sie nach Brüssel getrieben.
Die zweite Version besagt, das Einhorn habe sich an die Unbewegte herangeschlichen und ihr etwas ins Ohr geflüstert, das so lustig gewesen sein musste, dass sie sich aus der Schreckstarre herausgelacht und fröhlich die Regierungsgeschäfte in Brüssel übernommen habe.
In der dritten Variante soll sich das Einhorn in die Träume Europas eingeschlichen haben. Weil sie von der Hochzeit mit dem Sänger der Band »Nihil« träumte, habe sich das Einhorn als Pfarrer verkleidet und vom Altar aus, noch bevor die Ringe gewechselt waren, verkündet: „Europa, die Menschen brauchen dich!" Daraufhin sei sie aufgewacht und nach Brüssel geflogen.
In einer „Rede an mein Volk" führte sie die gegenwärtigen Krisen dieser Welt auf ein Zuviel an Gesetzen zurück. Sogar von den Zehn Geboten seien die meisten überflüssig und schädlich. Die Menschen müssten sich nur an ein Gebot halten, mehr fasse ihr Verstand nicht, der Rest erledige sich von

selbst.
„Was ist das für ein Gebot?“, wollte man wissen.
„Achte die Würde jedes Menschen.“
Das sei kalter Kaffee, wandten die großen Europapolitiker ein, das tue man doch täglich und der Erfolg sei gering.
Da traten die Wappentiere in Aktion und wiesen sanft darauf hin, dass sie, wenn das jetzt nicht klappe, alles kurz und klein schlagen würden. Das klang so überzeugend, dass ab diesem Augenblick Europa ein Kontinent der Harmonie wurde.

Hoppla

„Du bist also der berühmte Pedro Kless, der den Staat ruiniert hat", empfing König Therea III. den ehemaligen Kanzler seines Vaters und tat so, als ob er ihn nicht kenne, obwohl sie sich mehrmals im Jahr begegnet sind.
Kless nickte.
„Du warst bei meinem Vater, Gott möge ihm gnädig sein, der wichtigste Finanzberater."
Wieder ein Nicken.
„Wer hat die vielen Schulden gemacht?" Eisig forderte der König Rechenschaft. In den zwei Wochen nach dem Tod seines Vaters hatte Therea III. festgestellt, dass er praktisch kein Privatvermögen besaß. Und der Staat war pleite.
„Ihr Herr Vater gab die Befehle. Ich gehorchte!" Überraschend klar hörte Kless seine Stimme.
„Ratgeber sollen beraten, nicht nur Befehle ausführen."
„Ihr Vater war zufrieden mit mir."
„Du hast ihn um den Finger gewickelt!"
„Ihr Vater war ein kluger, gebildeter Mann, den man nicht betrügen konnte."

Der Sohn von Therea II., vierzig Jahre alt, hatte sich als Spezialist für „Besondere Befragungen" der Sondergruppe des Militärs „Scharfes Schwert" bis zum „General für spezielle Einsätze" hochgearbeitet. Seine Prinzipien lauteten: Ordnung, Kampf und Einheit. Er betätigte sich in vielen Sportarten, arbeitete diszipliniert und ausdauernd und setzte seinen Willen durch. Da er ernsthaft „nachdachte", hielt er seine Meinung für die einzig Richtige. Wer sich so

anstrengt, könne nicht irren. Dies würden alle einsehen. Die Uneinsichtigen werden als bösartiges Ungeziefer vernichtet. Kein Interesse hatte er an den Lieblingsgebieten seines Vaters: Literatur, Theater, Philosophie, Musik. Die störten nur.
Dachte er an die Finanzen, überfiel ihn heftiger Schwindel. Nach vier Wochen Trauerzeit tauchten weitere Schuldner auf, die ihr Geld zurückhaben wollten. Die Wut auf seinen Vater überwältigte ihn: Wie sollte er den Schuldenberg von 2,34 Milliarden Taler abtragen? Tag und Nacht hatte er Rechnungen kontrolliert, mit Zahlen jongliert, mit Banken und Finanzfachleuten verhandelt. Die Schulden waren größer geworden statt kleiner.
Einer der Schuldenmacher war noch da: Kless. Der sollte die Wut des Sohnes zu spüren bekommen.
„Zusätzlich hast du ihn schamlos betrogen."
„Alle meine Dienste waren freiwillig und ehrenamtlich."
„Lügner! Ich habe dein Bankkonto gesehen."
„Ich verdiene durch meine Medikamente und meine Firmen genug."
„Bei dir häuft sich das Geld, beim Staat schwindet es."
„Mit den Schulden investierten wir in die Zukunft."
„Obwohl du ein alter Mann bist?"
„Vierundsiebzig Jahre."
"Du hast vier Monate Zeit, die Schulden des Staates zu begleichen. Gelingt es, bleibt dein Vermögen bei dir und du wirst mein Kanzler."
„Gelingt es nicht?"
„Dann ist dein gesamtes Vermögen der Staatskasse zuzuführen und du wirst lebenslang eingesperrt."
Der König ging zu Kless, nahm seine rechte Hand und brach mit einem Ruck den Zeigefinger. „Zum Andenken an diese Stunde."
Auf einen Knopfdruck erschienen Soldaten und führten Kless zur Pforte.

In seinem bescheidenen Siedlungshäuschen am Rande von Berkas (Hauptstadt mit ca. 12.000 Einwohnern) legte er sich auf das Sofa und überlegte. Er rechnete damit, dass Therea III. ihn vor dem Volk kleinmachen wolle, um sich seiner zu entledigen. Damit würde er die angeblichen Schäden, die die freiheitliche Lebensweise seines Vorgängers verursacht hätte, beseitigen und eine neue Gesellschaftsform einführen.
Der künftige Staat unter Therea III. würde nach den Prinzipien „Ordnung durch Gehorsam", „Leistung durch Wettbewerb" und „Glück durch Konsum" gebildet werden. „Halleluja!" Das wolle er, Kless, verhindern.
Die Aufgabe war nicht schwer und in diesem kurzen Zeitraum zu schaffen. Kless schmunzelte, weil dies zeigte, wie wenig der Sohn von Finanzpolitik und Wirtschaft verstand.
Er konnte mit seinem Firmen-Imperium in kurzer Zeit durch gezielte Aktionen diese Summe leicht erwirtschaften.

Als erstes „erfand" er ein Heilmittel gegen Erkältungen, Schwindel, Schlaflosigkeit und Schmerzen aller Art. Fast täglich ließ er Meldungen über „Wunderheilungen" durch "Quiet", so der Name des Wundermittels, in die Welt hinaus gehen.
Sein Werbefeldzug „Mehr Zinsen für Ihr Geld" versprach den Sparern 30 % Rendite in vier Monaten. Ein Nobelpreisträger für Wirtschaft bestätigte die Seriosität der Firma KdV (Kraft durch Vertrauen).
Ein besonderes Angebot war die Lebensverlängerung: „Sie wollen noch nicht sterben? Kein Problem. Ein Jahr länger leben: 50.000,00 Taler, zwei Jahre 120.000,00 Taler.
Sie wollen sterben? Auch kein Problem. Pauschalpreis: 20.000,00 Taler."
Die Musikgruppe „Ich bin toll" stürmte auf die ersten

Plätze der Charts und verkaufte dreihunderttausend CDs, die Psychosekte „swingingheaven“ erbettelte Millionen und die Firma kam kaum mit der Produktion von „Obdachlos-Klamotten“ dem Verkauf hinterher.
Hinter diesen Kampagnen vermutete niemand Kress. Dieser jammerte öffentlich lautstark über die Schwierigkeit der Aufgabe. Schon geraume Zeit vor dem Termin hatte er die Summe zusammen.

Am Hof und in der Bürgerschaft mied man Kress, als habe der Tod von ihm schon Besitz ergriffen.

Am Tag der Abrechnung ist bereits ein Gerüst für das Gericht aufgestellt worden. Auf einem Gestell lag ein dicker Pfahl, an dessen Ende ein kleines Häuschen montiert war.
Viele Leute drängten sich um das Gerüst, auf dem der König und die Richter Platz nahmen. Schon ein paar Minuten vor zehn Uhr hörte man Rufe wie: „Hängt den Banker!“, „Wo Geld ist, ist Verbrechen!“, „Wir lieben Therea III.“
Punkt zehn Uhr ertönten Fanfarenstöße und das Brüllen von Ochsen und deren Treibern ließ die Mauern der Stadt erbeben. In die Burggasse zog ein Vierergespann von Ochsen, bunt geschmückt, einen sechs Meter langen Wagen mit einem stählernen Behälter. Hysterische Schreie der Ersten, die dessen Inhalt sahen, waren „Goldtaler, Goldtaler!“. Bevor der Ruf den König erreicht hatte, zog ein zweites Gespann seine wertvolle Fracht zur Burg. Und noch ein Wagen erschien und noch einer und noch einer. Am Schluss standen 15 solcher Festwagen vor der Tribüne des Königs.
Kless betrat nach dem letzten Wagen die Burg. Applaus brauste auf.
Kress erreichte die Tribüne und stieg hinauf. Laut sagte er zum König: „Herr, Ihr habt mir befohlen, euch drei Milli-

arden Taler zu ersetzen. Ich soll sie gestohlen haben. Auf den Karren befinden sich dazu noch zwei Millionen. Nehmt sie als Schmerzensgeld."
Die Gefühle des Königs zeichneten sein Gesicht weiß, blau und rot. Er stotterte: „Du bist ... Ich sollte dir ... Hiermit ernenne ich dich zum Vizekönig und Kanzler."
Jubel des Volks.
„König, was bedeutet dieser dicke Pfahl mit dem winzigen Häuschen darauf?"
„Dort hättest du dein restliches Leben verbracht, wenn du das Geld nicht abgegeben hättest."
Ein Laut des Erschreckens entfuhr dem Volk, gefolgt von einem eisigen Schweigen.
„Aber du hast die Schulden ja beglichen. Heute Abend lade ich alle zu einem festlichen Bankett ein. Musik!"
Mit Schweigen nahmen die Menschen die Ankündigung wahr. Nur die Getreuen auf der Bühne klatschten Beifall. Einige von ihnen lenkten die Fuhrwerke mit den Goldtalern zu den Schatzkammern.
Am Abend war der Ballsaal halb leer. Um acht Uhr sollte die Vereidigung von Kless erfolgen. Um neun Uhr waren weder Volk noch Kless erschienen, auch um zehn Uhr nicht. Um zwölf Uhr ertönte Lärm. Eine Volksmenge hatte den Palast gestürmt. Die wenigen Getreuen des Königs waren bald unschädlich gemacht. In düsterem Schweigen packten die Revolutionäre den König, sperrten diesen in das kleine Häuschen am Ende des Pfahls und richteten ihn auf.
„Wer mit Menschen so umgeht wie du, soll das erfahren, was er anderen zugedacht hat."

Kless hatte gleich nach der Geldübergabe heimlich das Land verlassen.
Ein Gefühl des Überdrusses hatte ihn gepackt. Erneut ein Lakai eines Herrschers zu sein, schien seinem Alter nicht

angemessen. Er suchte Ruhe und glaubte sie auf dem Ätna zu finden, in dessen Krater das Paradies sein sollte. Er machte sich auf den Weg zum Gipfel. Nach vielen Stunden hatte er sein Ziel erreicht.
Am Rand des Kraters stehend, überdachte er sein Leben: „Es ist genug." Er kletterte die Kante des Kraters entlang, angezogen von der feurigen Tiefe mit der glucksenden Lava. Mit dem rechten Fuß rutschte er aus. „Hoppla“, sagte er und flog in den Krater.

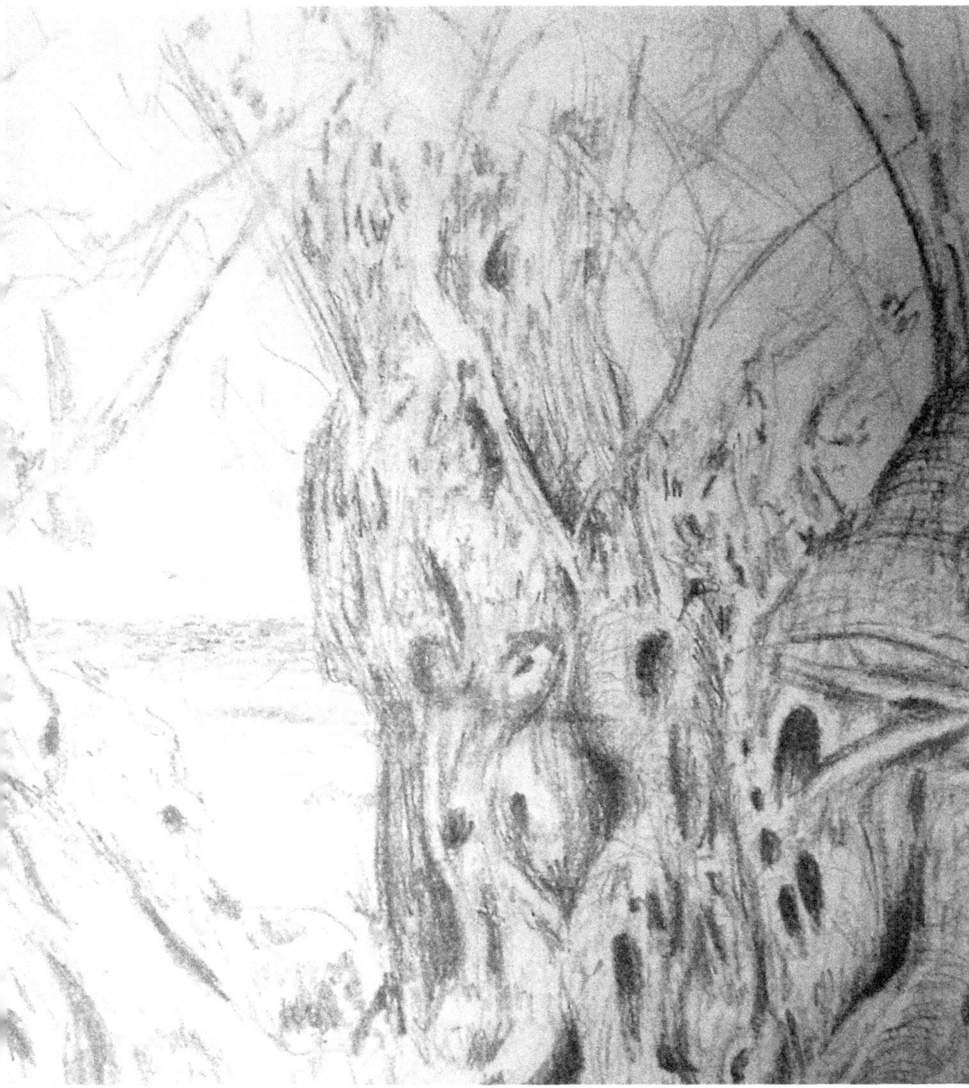

Lebensprotokolle

Parterre:
Wohnung 1: Herr Klaus Wind (67), Rentner; Beruf: Hotelportier; Frau Edeltraut Wind (66), Beruf: Hausfrau.
15.00: Herr und Frau Wind sitzen am Wohnzimmertisch und hören im Radio den „Badenweiler Marsch".
15.08: Der Mann nähert sich der Frau und streicht über ihren Busen. Frau: „Nein!"
15.12: Mann entfernt sich und sie hören im Radio „Preußens Gloria".
15.18: Mann nähert sich der Frau und streicht über ihren Busen. Frau: „Nein!"
15.22: Mann entfernt sich und sie hören im Radio den „Bayerischen Defiliermarsch".
15.32: Mann nähert sich der Frau und streicht über ihren Busen, Frau geht ins Schlafzimmer.
16.37: Mann schreit beim Orgasmus: „Sieg Heil!"
16.55: Beide sitzen am Tisch und hören Heino „Alte Kameraden" singen.

Parterre:
Wohnung 2: Julian Eifetz (21), Student der Theologie.
15.00: Räumt Bücher aus einem Umzugskarton in ein leeres Regal.
15.08: Setzt sich auf einen Stuhl und weint.
15.19: Ruft seine Mutter an.
15.42: Räumt Bücher aus einem Umzugskarton in ein leeres Regal.
16.05: Setzt sich auf einen Stuhl und weint.

16.32: Ruft seine Mutter an.
16.45: Räumt Bücher aus einem Umzugskarton in ein leeres Regal.
16.55: Setzt sich auf einen Stuhl und weint.
17.09: Ruft seine Mutter an.
17.22: Mutter kommt mit ihrem Koffer und räumt Bücher aus dem letzten Umzugskarton in ein leeres Regal.
17.41: Mutter geht in die Küche, Sohn legt sich auf das Sofa.
18.00: Mutter packt ihren Koffer aus.

Erster Stock:
Wohnung 3: Frau Marlies Deidung (42), Krankenschwester; Frau Svenja Knochenstein (34), Ärztin.
15.00: Beide räumen das Geschirr vom Esstisch in den Geschirrspüler.
15.16: Frau Knochenstein liest das Buch „Der Arzt als Helfer der Seele“, während Frau Deidung nackt im Wohnzimmer verschiedene Sachen umräumt und mehrmals „Ich liebe dich!“ sagt.
15.56: Frau Knochenstein liest das Buch „Der Arzt als Helfer der Seele“, während Frau Deidung sich neben sie setzt und mehrmals „Ich liebe dich“ sagt.
16.15: Frau Knochenstein liest das Buch „Der Arzt als Helfer der Seele“, während sich Frau Deidung in dem Kleid, das sie bei der ersten Begegnung mit Frau Knochenstein getragen hat, auf ihren Schoß setzt.
16.33: Frau Knochenstein liest das Buch „Der Arzt als Helfer der Seele“. Frau Deidiung gibt Frau Knochenstein eine Ohrfeige. Frau Knochenstein steht auf, packt ihren Koffer und geht.

2. Stock:
Wohnung 4: Herr Adolf Huber (72), Rentner, ehemaliger Taxifahrer.
15.00: Schaut sich vom Sofa aus das Fernsehprogramm an.

15.15: Geht zum Fenster und schaut hinaus.
15.30: Geht zum Sofa und schaut sich vom Sofa aus das Fernsehprogramm an.
15.45: Geht zum Fenster und schaut hinaus.
16.00: Geht zum Sofa und schaut sich vom Sofa aus das Fernsehprogramm an.
16.15: Geht zum Fenster und schaut hinaus.
16.27: Schreit: „Sie geht schon wieder bei Rot über die Straße." Er nimmt den Topf mit der kleinen Zimmerpalme und wirft ihn aus dem Fenster.
Ein Schrei.
16.30: Geht zum Sofa und schaut sich vom Sofa aus das Fernsehprogramm an.
16.45: Zwei Polizisten holen ihn ab.

2. Stock:
Wohnung 5: Karl Engel (92), Rentner, Dichter.
15.00: Redet mit sich: „Reiß dich zusammen, altes Wrack. Du wirst doch noch ein Gedicht schreiben können: dein letztes Werk! Dein Vermächtnis an die Welt."
15:37: Er geht im Zimmer auf und ab.
15.57: Er zündet eine Kerze auf seinem Schreibtisch an.
15.59: Er geht im Zimmer auf und ab.
16.36: Er setzt sich an seinen Schreibtisch und schreibt.
17.59: Der Kopf des Dichters sinkt so auf die Schreibtischplatte, dass die brennende Kerze zu Boden fällt und die Teppiche und Vorhänge in Brand setzt.
18.09: Signalhorn der Feuerwehr.

Der Lehrer
Friedrich Wilhelm Allemann

Der Junglehrer Friedrich Wilhelm Allemann trat am 1. September 1930 eine Stelle in Maienbrunn in Bayern an. In der einklassigen Volksschule sollte er die Kinder der Dorfbewohner unterrichten.

Mit Beginn des neuen Schuljahres zog er in die möblierte Lehrerwohnung im Schulhaus ein. Ordentlich verstaute er seine wenigen Sachen in einem Schrank. Seine Bücher stellte er alphabetisch aneinandergereiht in ein Regal. Die Bibel legte er auf die Anrichte. Aufgeschlagen zur täglichen Erbauung: Matthäus 1, 18-25: die Weihnachtsgeschichte. Ein Kreuz aus Oberammergau nagelte er über seinem Bett an die Wand. Einen Stahlstich mit Adam und Eva von Dürer hängte er an die gegenüberliegende Seite. Vor dem Einschlafen fixierte er die nackte Eva. Unter dem Bild prangte in roten Lettern: „Adam erkannte Eva, seine Frau, sie wurde schwanger."
Am nächsten Morgen warteten die Schüler gespannt auf sein Erscheinen.
Der letzte Lehrer hatte sie oft geschlagen. Sie fürchteten und hassten ihn.
Wie würde der Neue sein?
Lächelnd betrat der Junglehrer den Raum, sagte: „Frisch auf! Ich bin der neue Lehrer! Ich heiße Friedrich Wilhelm Allemann", und sang mit den Jungen und Mädchen ein Wanderlied.
In den nächsten Wochen gewann er die Herzen der Schüler.
Im Unterricht musizierten sie viel, machten jeden Tag ein Spiel, zeichneten und lachten. Sie lernten bei ihm beinahe

ohne Anstrengung und freuten sich jeden Tag auf den Unterricht.
In der Dorfgemeinschaft eroberte er die Herzen aller.
Der Junglehrer begleitete mit großer Inbrunst die Sonntagsmesse auf der Orgel. Der Gesangsverein gewann unter seiner Leitung beim Chorwettbewerb „Donauschwalben“ den zweiten Preis. Die Feuerwehr löschte unter seiner Kommandantur die Brände schneller. Die Heimatzeitung veröffentlichte jeden Samstag ein Gedicht von ihm.
Im Jahre 1933 heiratete er eine Magd von einem Bauernhof aus dem Nachbardorf.
Sie hieß Elisabeth.
In der Hochzeitsnacht erkannte er seine Frau nicht. Auch in der nächsten Nacht erkannte er sie nicht.
Nach vier Wochen endlich geschah es.
Nach dem Liebesakt nahm er seinen Ledergürtel und schlug ihn einmal mit großer Härte über den Rücken seiner Frau.
Sie sprach vor Schrecken und Angst zwei Wochen zu Hause kein Wort mit ihm.
Er half ihr im Haushalt, pflückte Blumensträuße für sie und brachte ihr Pralinen aus dem Dorfladen mit. Vor den Leuten umarmte und herzte er sie.
Wut und Hass und Angst tobten in der Gattin. Nach dem zweiten Liebesakt schlug er sie mit seinem Ledergürtel, nach dem dritten, nach dem vierten ...: kühl und beherrscht, als wäre es ein bürokratischer Vorgang oder eine Hinrichtung.
Sie litt unter den Schlägen seelisch mehr als körperlich. Sie wollte sich nicht schlagen lassen.
Als sie fragte, warum er das mache, antwortete er: „Ich weiß es nicht!“
Sonst war ihr Mann vorbildlich: fürsorglich, hilfsbereit, charmant, unterhaltsam, ernsthaft, gläubig.
Er war den Schülern ein guter Lehrer und dem Dorf ein kultureller Mittelpunkt.
Immer, wenn er sie geschlagen hatte, redete sie eine Woche zu

Hause kein Wort mit ihm.
Eines Tages beendete sie vorzeitig eine Schweigephase mit: „Ich bekomme ein Kind!"
Der Schulmeister überhäufte seine Frau mit Wohltaten.
Dann kam der kleine Adolf zur Welt.
Ein Jahr später kam die kleine Eva zur Welt.
Ein Jahr später kam die kleine Marlene zur Welt.
Zwei Jahre später kam der kleine Josef zur Welt.
Der Vater erzog seine Kinder hart zur deutschen Ordnung, umgarnte sie aber auch liebevoll wie Pestalozzi.
Alle Menschen weit und breit priesen den Lehrer als idealen Vater und Ehegatten.
Auch seine Frau verehrte ihn immer mehr.
Wenn er sie nur nach einem Geschlechtsverkehr nicht schlagen würde! Das nahm die Gattin angesichts der Vorteile ihrer Ehe mit ihm seufzend in Kauf.
Der Zweite Weltkrieg begann.
Der Gefreite Friedrich Wilhelm Allemann verhielt sich auch als Soldat vorbildlich: gehorsam, kameradschaftlich, hilfsbereit.
Er kämpfte mit zusammengepressten Lippen und tränenumflorten Augen gegen den Ansturm der Feinde.
Heftig verteidigte er in einem ungarischen Dorf seine Heimat. Nach einer mehrstündigen Schießerei herrschte plötzlich Stille.
Nichts bewegte sich.
Plötzlich zirpte eine Geige eine Melodie.
Sie tönte aus einem Stall.
Der Lehrer rannte zu dem Gebäude.
Er stieß die Tür auf.
Mitten im leeren Raum stand ein Geiger mit einer Blindenbrille und fiedelte das „Ave Maria" von Gounod.
Der Lehrer riss sein Messer aus dem Stiefelschaft und stieß es dem Blinden in den Magen. Einmal, zweimal, dreimal ...
Ein zwölfjähriges Mädchen hatte sich in eine Ecke verkro-

chen und verfolgte mit großen Augen das Abschlachten.
Es war die Tochter des Geigers.
Der Lehrer vergewaltigte das Kind. Nach dem Geschlechtsverkehr nahm er seinen Ledergürtel und schlug ihn einmal mit großer Härte über den Rücken des Opfers.
Dann rannte er aus dem Stall.
Der Krieg ging zu Ende.
Der Lehrer Friedrich Wilhelm Allemann kam nach Hause.
Alle begrüßten ihn freudig.
Er begann mit dem Unterricht, mit dem Orgelspiel in der Kirche, mit dem Feuerlöschen, mit den Proben des Gesangsvereins. In der Kreiszeitung erschienen seine Gedichte über Kameradschaft im Feld, das Schicksal Deutschlands und die Liebe zur Heimat.
Er fasste wieder Tritt.
Das Leben ging weiter und wurde schöner und angenehmer.
Der Dorflehrer unterstützte seine vier Kinder hilfreich in allen Phasen ihres Lebens.
Die Dorfleute wählten ihn zum Bürgermeister.
Der Schulrat belobigte ihn mehrmals.
Der Landesvater lud ihn zum Neujahrsempfang ein.
Er ließ sich ein gemütliches Heim im Waldhausstil bauen.
Seine Frau richtete ihm ein Nest deutscher Behaglichkeit ein.
Sie waren glücklich.
Besonders seine Frau.
Nie mehr hatte er sie mit dem Ledergürtel geschlagen.

Volksglaube

„Maria, huilf ma doch. Wia soll i ohne mein Mann lebn?" Inniglich flehte Sibylle Mulscher die Gottesmutter vom Psamenberg an: Drei Wochen lag ihr Mann schon im Grab. Seit der Beerdigung litt die achtzigjährige Witwe unter Schmerzen. Sie konnte kaum gehen. Die Trauer marterte ihren Körper.

Neunundfünfzig Jahre, sieben Monate und zwölf Tage waren sie verheiratet gewesen. Die sechzig Jahre hat er nicht geschafft. Wenigstens das hätte sie ihm vergönnen sollen, die Gottesmutter.

An einem regnerischen Novembertag litt Maria so sehr unter ihrem Schicksal, dass sie die Holzfigur umarmte und minutenlang umfangen hielt.

Da spürte sie Kraft aus der Figur in sich hineinströmen. Sie fühlte Wärme im Körper und die Ruhe ihrer Seele. Ihr Lebensmut wuchs. Sie dankte bewegt ihrer Retterin.

In der Heilsgrotte vom Psamenberg bezeugen über hundert Votivgaben Heilungen, Rettungen und Wunder. Die halblebensgroße Madonna sei im Jahr 1789 ganz plötzlich neben dem betrunkenen Sonderbauer im Straßengraben gelegen. Als er seinen Rausch ausgeschlafen hatte, habe er die Figur zum Pfarrer gebracht.

„Dös is a Maria. Stelln wir's in a Eckn von da Kircha", entschied der Pfarrer.

Eine Woche später rechneten es die Dorfbewohner der Wirkung der Statue zu, dass der Sonderbauer seither nicht mehr im Wirtshaus gewesen sei und begonnen habe, Schulden zurückzuzahlen.

Schnell verbreitete sich diese Nachricht. Viele Ehefrauen schleppten ihre Männer zu dieser Weihestätte. Ohne Erfolg.

Bald sank die Wallfahrtsbegeisterung gegen null. Meist kniete Sibylle allein in dem Kirchlein und umarmte beim Abschied die Madonna.

Zum sechzigsten Hochzeitstag hatte sie ein Bild in Auftrag gegeben: Ihr Mann sollte im Himmel schweben, Sibylle auf Erden zu ihm hochschauen und die Mutter Gottes dazwischen thronen. Ein Strahlenkranz sollte einen Ring um die drei Personen bilden, an dessen oberster Stelle die Zahl 60 zu sehen sein sollte.

Am frühen Morgen des Hochzeitstags wollte sie das Bild neben der Madonnenfigur befestigen. Feierlich schritt sie durch den winzigen Vorraum, öffnete die Schwingtür und blieb wie versteinert stehen.

Statt der erwarteten, unordentlich über die Wand verteilten Bilder, Zettel, Sterbekreuze, Kerzen und Rosenkränze stießen ihre Augen auf eine wohlgeordnete Front von christlichen Dankesgaben: Zwölf Reliquienkreuze hingen genau ausgezirkelt in zwei Reihen ganz links. Anschließend ordneten sich siebenundzwanzig Kruzifixe unterschiedlicher Größe dem geometrischen Denken unter.

Die Bilder im Format 40 mal 30 cm schlossen oben die Präsentation ab; darunter, dicht auf dicht, die 25 mal 20 cm und 20 mal 35 cm Darstellungen, ganz zum Boden hin die großen Gemälde. Dieser Bilderteppich besaß keine leere Stelle. Die Kerzen standen in Reih und Glied, als müssten sie an einer Militärparade teilnehmen. Die Rosenkränze hingen wie Buntwäsche an einer Leine auf halber Höhe zwischen der Rückwand und einer Glaswand, die, im Boden und in der Decke verankert, jeden Kontakt mit den Wallfahrtsobjekten unterband.

Und genau in der Mitte stand die Gottesmutter und blickte traurig auf ihre Verehrerin herunter. Diese schlug mit

ihrer Tasche gegen das Glas, malträtiere es mit ihren Fäusten, entwendete den kleinen kupfernen Weihwasserkessel vom Haupteingang und schmetterte ihn gegen die Barriere. Umsonst. Der Kessel wurde funktionsuntauglich, die Wand hielt.
Ermattet sank die Jubilarin zu Boden, das Bild glitt mit ihr hinab. Der Trauerschmerz eroberte ihre Glieder.

Am nächsten Tag beschwerte sie sich beim zuständigen Pfarrer: „I brauchs, mei Madonna. Sie gibt mirs Lebn!"
„Aber gute Frau, dazu müssen sie sie doch nicht berühren. Maria ist ein geistiges Erlebnis!"
„Bei mir ned!"
„Wir müssen doch die wertvollen Zeugnisse des Glaubens vor Dieben schützen. Was ist schon alles gestohlen worden!"
„Die drei Buidln vom Huberbauer. Aba die hat der selba gholt; sonst san alle da! I kenn die Grottn besser als Sie, Herr Pfarrer!"
„Jetzt werden sie nicht frech! Es bleibt so, wie es ist!"
„Sie sind kein Pfarrer für die Gläubigen, sondern für die Sicherheitsverwahrung von Kirchengut!"
„Raus!"
Ihr Zorn war so groß, dass sie zum Bischof nach Regensburg fuhr. Der empfing die treue Katholikin freundlich und äußerte Verständnis für ihr Anliegen. „Dieser Glaubensschatz muss doch geschützt werden", tröstete er sie. Er selbst habe das veranlasst.
„Aba wann san denn Sie bei ihr. I kimm jedn Tag hin! Die Glasmauer muass weg!"
„Das geht nicht, gute Frau. Gott befohlen!"
„Dös hat Eana Gott ned befohlen!", bemerkte sie und verschwand.
Ihre Erregung führte sie in die Redaktion des „Boten", zum Lokalredakteur. Der setzte eine kleine Meldung in

die Zeitung. Die Neuerung würde von vielen zwar als Erfolg, von einigen aber auch als Verlust der alten, gewohnten Lebensweisen beklagt.
Davon verschwand die Glasmauer nicht.
Immer noch ging Sibylle jeden Abend zu ihrer Madonna, von der sie nicht mehr direkt die Kraft empfing, sondern indirekt als Zorn über die inhumane Diözesanbürokratie.
Sie grübelte vor dem Glas, wie es zu überwinden sei.
Bis sie in dem „Boten" eine Werbeanzeige las: „Klebfest – mit ihm bleiben die Dinge an ihrem Platz – ewig".
Sibylle kaufte sich diesen Wunderkleber. Zuerst probierte sie ihn mit einem kleinen Holzklotz an der äußersten Ecke der Glasmauer aus. Nach einer halben Stunde schlug sie mehrmals mit einem Hammer darauf: Der Holzklotz hielt. Dann kaufte sie ein Metallplättchen und klebte es an das Glas. Es war nicht mehr zu entfernen.
Weder Pfarrer noch Messner kümmerten sich um die Wallfahrtskirche. Eine siebenundachtzigjährige Kleinbäuerin, die neben dem Kirchlein wohnte, schloss auf und zu. Mehr tat sie nicht.
Die Witwe beklebte das Glasgehäuse unentdeckt mit Devotionalien von Freunden und Bekannten.
Nach acht Tagen erschien eine Gruppe von Heimathistorikern, die sich die Erhaltung und Pflege alter Wallfahrtsorte zur Aufgabe gemacht hat. Sie war empört über diese künstliche „Museumsordnung", die einen falschen Eindruck von der Spontanität und dem Einfallsreichtum gelebter Religiosität des Volks vermittle. „Sie machen damit aus einer Kirche für das Volk ein Museum für Bildungsreisende", ereiferte sich der Vorsitzende. Mit Sibylle vereinbarten die Gruppenmitglieder, dass sie Stücke aus ihren Devotionaliensammlungen spenden würden. Der Redakteur vom „Boten" schaute auf einem Sonntagsausflug beim Kirchlein vorbei und erkannte mit Erstaunen diesen Kampfplatz von alt und neu, von Ordnung und Chaos,

von echtem Glauben und Glaubensbürokratie. Sibylle erklärte ihm, dass sich eine neue Wallfahrtsbewegung abzeichne. Schon zwei neue Heilungen habe es gegeben.
Der Bericht „Neue Pilgerbewegung auf dem Psamenberg“ trieb Pfarrer und Bischof gleichzeitig in das Kirchlein. Entsetzt sahen sie ihre Devotionalien-Schützlinge vom Wildwuchs der Witwe bedroht. Sogleich holten sie den Mesner mit Handwerkszeug und malträtierten die Objekte an der Glaswand – ohne Erfolg.
Ein weiterer Bericht über die Handwerkerarbeit der geistlichen Herren löste eine Diskussion über die Rücksichtslosigkeit der Amtskirche aus. Sie wolle, so äußerte sich Sibylle, die einfachen Menschen von ihrer Glaubenskraftquelle trennen. Die alte Ordnung sei die des Volks, die neue die der Obrigkeit. Die Zahl der Kirchaustritte nahm zu, die der Pilger aber auch. Immer mehr stürmten zum Psamenberg und befestigten ihre Gaben an der Glasmauer.
Als eines Tages ein Bautrupp des Bischofs heranrückte, um die Ordnung wieder herzustellen, empfing ihn das Pfeifkonzert einer Gruppe junger Männer. Die Bauleute zogen ab und kamen nicht wieder.
Das Bild hat Sibylle an Allerseelen vor der Figur anbringen lassen. Bald kehrte Ruhe ein und Maria und ihre Verehrerin fanden wieder zueinander.

Der Geschichtendieb

„So ein höflicher Mensch“, schwärmte Patricia. „Und so gut gekleidet“, begeisterte sich Marieluise. „Ein Mann von Welt“, seufzte Alexandra. Die drei Damen, weit über achtzig, schmachteten dem Besucher, Herrn Dr. Toni Dorenmaren, einem rüstigen Sechziger, entgegen. Er sei ehrenamtlicher Seniorencoach und kümmere sich um Damen in den besten Jahren. Es sei sein Herzenswunsch, ihnen das Leben „ein klein wenig zu verschönen“. Er mache dies aus Dankbarkeit für seine leider zu früh verstorbene Mutter. Bei diesem Satz flogen dem Sechzigjährigen die Herzen der Damen endgültig zu. Und dann noch: „Ach, nennen Sie mich doch einfach Todo!“ Welche Rolle er in der Gesellschaft außerhalb der Altenbetreuung spielte, ließ er im Vagen.
Jeden Mittwoch kam er in das „Altenheim St. Hedwig“, setzte sich in den Aufenthaltsraum und wartete, bis er angesprochen wurde. Mal bildete sich eine Gruppe um ihn, mal redete er mit einer einzelnen Person.
In der letzten Woche waren er und Patricia fast den ganzen Abend beieinandergesessen. Sie hatte erzählt und er ...
„Wie gut er zuhören kann“, rühmte Patricia den Seniorencoach.
„Hast du ihm von deinem Mann erzählt“, fragte Marieluise.
„Von welchem Mann? Ich hatte keinen Mann.“
„Du warst doch mit dem Günther verheiratet.“
„Ich kenne keinen Günther.“
„Das ist doch lächerlich“, fuhr Alexandra dazwischen. „Führt eine Katastrophenehe und vergisst sie!“
„Ich war nie verheiratet. Mein Leben war keine Katastrophe,

sondern erfolgreich."
„Du hast uns ständig vorgejammert, wie schlecht deine Ehe doch gewesen sei!", erinnerte Alexandra.
„Das lass ich mir nicht länger gefallen. Nochmal, ich hatte keinen Mann!", geiferte Patricia und ging.

*

Dr. Toni Dorenmaren brauchte zum Leben Geschichten. Als er drei Jahre alt war, hatte ihn eine Krankheit überfallen, die ihn beinahe völlig regungslos gemacht hatte. Ärzte erkannten eine Apathie unbekannter Ursache. Verlegenheitsdiagnose! Tagelang hatte sich der Junge so gut wie nicht bewegt. Als Nahrung akzeptierte er nur Breie, die seine Mutter über eine Pumpe und einen Schlauch direkt in den Magen laufen ließ.

Einmal beobachtete die Mutter während des Vorlesens, dass sich Todo ein wenig rührte. Sie ließ gleich eine zweite Geschichte folgen – der Junge schlug die Augen auf ... Nach der dritten hüpfte er aus dem Bett und verlangte Pommes.
Der Jubel der Eltern über ihr geheiltes Kind verflüchtigte sich nach drei Tagen. Reglos saß es wieder im Bett. Als die Mutter eine Geschichte vorlas, kehrte die Lebendigkeit in den Körper ihres Jungen zurück. Geschichten vorlesen als Heilmittel?
Die Geschichten wirkten unterschiedlich lang. Manche munterten ihn einen Tag lang auf, manche drei Tage. Länger dauerte keine Gesundheitsphase. Vergingen mehrere Tage ohne Geschichte, trocknete ihr Sohn aus: Seine Arme hingen schlapp herunter, der Hals wurde immer kürzer, der Bauch sank in das Becken. Wie durch das Entweichen von Luft aus einem prallen Luftballon ein schrumpeliges Gummiding wird, so bereitete sich Todos Körper auf seine Entseelung vor. Ausgetrocknet wie eine Moorleiche würde er aussehen, bekäme er keine Geschichten mehr erzählt.

*

Zufrieden steckte Todo die Karteikarte „Günther“ mit seinen Notizen in die Geschichtendatei. Immer, wenn er seine Apathie heraufziehen fühlte, ging er zur Sammlung, zog eine Karte heraus und las die Stichwörter. Anschließend erzählte er sich halblaut den Lebenslauf dieser Person und war gestärkt. Nach dreimaligem Gebrauch wirkten die Geschichten nicht mehr, und er lagerte sie im Archiv.

*

Bei seinem nächsten Besuch im „Altenheim St. Hedwig“ wartete Marieluise schon auf der Straße vor dem Gebäude auf ihn.
„Patricia liegt im Sterben“, empfing sie ihn.
„O, das tut mir leid. Da soll ich wohl bei ihr vorbeischauen.“
„Nein, um Gottes willen, nur das nicht!“
„Warum?“
„Das kann ich Ihnen nicht sagen. Es ist furchtbar. Es tut mir so leid!“
„Ich gehe einfach zu ihr!“, entschloss sich Todo.
Als er in das Sterbezimmer kam, schlief Patricia. Er setzte sich neben das Bett und ging in Gedanken ihre Geschichte durch. Sie hatte es im Leben schwer gehabt. Der Mann, nach außen hin ein Vorbild für die Rot-Kreuz-Jugend: Bundesverdienstkreuz! In der Küche verprügelte er seine Frau. Die Arbeit als Packerin in einem Versandhaus machte sie stumpfsinnig. Die beiden Töchter verachteten sie, weil sie sich alles gefallen ließ. Einzig die Freundinnen Marieluise und Alexandra stützten sie. Wie sehr musste all dies auf ihrer Seele liegen! Wie hält man es aus, dass die Erinnerungen an vergangene Übel Tag für Tag beim Wachwerden erscheinen? Jeden Tag dieselbe Geschichte?
Plötzlich setzte sich die Sterbende auf, sah neben sich Todo und schrie fürchterlich. Bevor er irgendetwas unternehmen konnte, waren zwei Schwestern im Zimmer.
„Das ist er, der Dieb!“, schrie die Kranke.

„Was haben Sie gestohlen“, fuhr die ältere der zwei Krankenschwertern Todo an, während die jüngere Patricia beruhigte.
„Nichts, Sie können mich untersuchen. Ich habe nichts gestohlen!“
Weinkrämpfe schüttelten Patricia. Schluchzend brachte sie die Anschuldigung hervor: „Seit ich ihm ... letzte Woche ... erzählte, Erinnerungen sind weg. Ich habe gelebt ... weiß nicht mehr wie ... und wo ... und ... wer ich bin.“
Die ältere Schwester drängte den Beschuldigten hinaus: „Ist besser, Sie gehen jetzt.“
„Sie müssen mich erst durchsuchen“, forderte er, was sie nur oberflächlich tat. Ein so gut gekleideter Mann konnte kein Dieb sein. Was sollte er auch gestohlen haben? Schmuck und Geld hatte die Patientin nicht. Das hatte sie der Schwester mitgeteilt.
Unentschlossen stand Todo im Flur herum. Marieluise näherte sich dem Seniorencoach. Der erzählte ganz erschüttert von der Beschuldigung, er sei ein Dieb. Die Geschichte habe er ihr gestohlen, habe Patricia ihm vorgeworfen.
„Das hat sie mir auch gesagt“, bestätigte Marieluise. „Sie meinte, es sei ihr immer schlechter ergangen, seit sie Ihnen ihre Geschichte erzählt hat.“
„Das kann doch nicht sein. Ich habe nichts getan, bloß zugehört.“
„Das ist schon richtig. Sie bildet sich das ein. Sie leidet manchmal an Verfolgungswahn. Kommen Sie jetzt zu mir. Ich habe Tee und Kuchen für Sie gemacht.“
Gerne nahm der so schwer Angeklagte die Einladung an. Nach drei Stunden verließ er die immer noch redefreudige Marieluise, um erschöpft ins Bett zu sinken, nachdem er ihre Geschichte aufgeschrieben und in der Datei ablegt hatte.

*

Wenige Tage darauf las er in der Zeitung:
Tod durch Diebstahl

Am letzten Mittwoch starb Frau Patricia S. im Altenheim St. Hedwig. Die Todesursache blieb unklar. Vor ihrem Tod hatte sie immer wieder behauptet, ein gewisser Todo habe ihre „Geschichte“ gestohlen. Deshalb müsse sie sterben. Die Staatsanwaltschaft forderte „Todo“ dazu auf, sich bei der Kriminalpolizei zu melden.

Todo fuhr nach der Lektüre des Zeitungsartikels zur Polizei. Ein Kriminalkommissar vernahm ihn. Ob er Kontakt mit der verstorbenen Patricia S. gehabt habe. Ja. Ob sie ihm ihre Lebensgeschichte erzählt habe. Ja. Was er mit der Geschichte gemacht habe. Stichpunkte notiert und in einer Datei archiviert. Ob er sie veröffentlichen und Geld verdienen wolle. Nein. Ob er noch etwas hinzufügen möchte. Nein. Wie er sich den Tod erkläre. Das könne er nicht. „Unterschreiben Sie bitte das Protokoll.“

Traute er sich noch in das „Altenheim St. Hedwig“? Da er sich keiner Schuld bewusst war und er dies auch demonstrieren wollte, ging er am nächsten Tag zu Alexandra. Ungesehen kam er bis zu ihrem Zimmer. Alexandra empfing ihn zurückhaltend. Er solle sich nur nicht von anderen sehen lassen. Wie könne er es überhaupt wagen ...? Natürlich glaube sie auch nicht an seine Schuld. Wegen des Erzählens von Anekdoten aus seinem Leben müsse man nicht sterben. Und stehlen könne man Geschichten nicht so, dass der Erzählende sie nicht mehr kenne. Da vor dem Zimmer Alexandras reger Verkehr herrschte und Todo lieber doch nicht gesehen werden wollte, nutzte sie die Zeit, ihre Lebensgeschichte zu erzählen.

„Ich habe keine Angst wegen des Sterbens oder Geschichtendiebstahls. Ist ja Unsinn. Also, geboren wurde ich ...“

Nach vier Stunden nahm er von Alexandra Abschied. Bei einem langen Abschiedskuss blieb es dann auch.

*

„St. Hedwig“ fiel nun für Todo als Revier aus. Wirkungsvolle Geschichten hatte er nur wenige vorrätig. Altersheime, in denen er bisher die Geschichten mit der längsten Wirkungsdauer gefunden hatte, sollte er besser vermeiden. Krankenhäuser schienen ihm einen passenden Ersatz zu bieten. Also fuhr er an das andere Ende der Stadt und setzte sich in die Cafeteria des Klinikums Süd-West. Dort lungerten die Langzeitkranken herum, die ihren Ständer mit Infusionsbeuteln und Langeweile durch die Krankenhausflure spazieren führten, wie sie es sonst mit ihrem Waldi machten. Die Cafeteria ersetzte dabei den „Gasthof zu den drei Eichen“.
Ohne Schwierigkeiten fand er einen Geschichtenerzähler, der, ausgehend von seiner akuten Erkrankung – „Sie sagen Stoffwechselstörung – ich sage: ‚Ich habe den Stoff gewechselt.‘ Neuer Schlafanzug. Hahaha! Humorlose Weißröcke!“ – sein Leben schilderte. Er klagte über sein Leben als Kind eines Metzgers und seiner Frau, die ... Nach einiger Zeit unterbrach er seine Erzählung: „Ich brauch noch die Zeitung.“ Er eilte zum Kiosk und kam mit der Zeitschrift „Text“ zurück. Halblaut zitierte er.
„Schon wieder eine Tote des Geschichtendiebs
Weinend lag Marieluise M. in den Armen ihrer Tochter und jammerte immer wieder. ‚Ich will meine Geschichte wiederhaben. Was soll ich dem Himmel antworten, wenn er mich fragt: Marieluise, was hast du aus deinem Leben gemacht? Todo, gib mir meine Geschichte wieder!‘“

Empört rief der Metzgerssohn: „Dieses Schwein, schleicht sich in die Intimsphäre von Menschen ein und schadet ihnen. Warum macht er das?“
Er schwieg einige Sekunden. Dann fixierte er seinen Zuhörer: „Was habe ich die ganze Zeit gemacht? Ihnen meine Geschichte erzählt. Sie sind der Geschichtendieb! Hallo!“, brüllte er den Besuchern der Cafeteria zu, „wir haben hier den Geschichtendieb. Haltet ihn auf! Lasst ihn nicht entwi-

schen!".
Warum floh Todo? Er war doch unschuldig! Von der Polizei bestätigt.

*

Noch am selben Tag packte er seine Koffer, fuhr zum Bahnhof und löste eine Fahrkarte nach Hamburg.
Im letzten Abteil des letzten Wagens des Intercitys ließ er sich nieder, hoffend, in diesem Nachtzug möge es leer bleiben. Es kam ihm so vor, dass jeder ihn erkennen müsse. Als stünde auf seiner Stirn das Kainswort: „Mörder".
Gehörte er zu den Verfluchten? Kranksein, ja, das hatte er akzeptiert. Aber ein menschliches Ungeheuer, Verursacher des Sterbens vieler Menschen zu sein – wenn auch ohne Absicht? Dieser Gedanke war unerträglich. Und: Hatte er nicht doch ganz leicht geahnt, dass etwas nicht in Ordnung war mit seiner Geschichtensammelerei?
Wie viele Menschen waren seinetwegen gestorben?
Er rechnete hin und her. Mit etwa drei Jahren hatte er die ersten Geschichten gehört. Aber doch nur Märchen. Da konnte niemand gestorben sein.
Wann hatte er die erste Lebensgeschichte von einem anderen Menschen gehört? Die Tante Dorle im „Altersheim St. Peter", ja, sie könnte die Erste gewesen sein, deren Lebensgeschichte er bewusst aufgenommen hatte. Wann war sie gleich wieder gestorben? Wie heißes Eisen floss das Blut durch die Glieder. Nach wenigen Tagen hieß es: „Plötzlich und unerwartet!" Er war damals sechzehn, miserabler Schüler; nach dem Tod von Tante Dorle nur Einsen und Zweien. Dr. summa cum laude. Dann Ortschef in der Firma „zeitlos", daraufhin stellvertretender Direktor, heute Alleinbesitzer. Das alles verdankte er den Geschichten anderer Menschen, deren Lebenskraft er aufgesaugt und zu seinem Vorteil verwendet hatte. Rücksichtslos?
„Ich wusste es doch nicht!" Langsam dämmerte ihm, dass

dies eine Lüge war. „Du bist ein Massenmörder! Du hast von der Lebenskraft anderer gelebt. Schmarotzer!“

*

„Guten Abend, Todo. Nett, Ihnen hier zu begegnen.“ Sie schob lächelnd ihren Buggy unter den Sitz. „Sie sehen etwas – wie soll ich sagen – mitgenommen aus. Tja, wenn man mal als Mörder auf der Titelseite war ...“
„Verschwinden Sie, raus mit Ihnen!“ Todo schrie hysterisch auf. Das war Alexandra! Oder nicht? Aber: Eine Zwanzigjährige ließ sich auf dem Sitz ihm gegenüber nieder. Im roten Kleid, dessen unterer Saum in Schambeinhöhe schloss und oben die Brüste bis zum Rosarot freigab, strahlten ihn Jugendlichkeit, Kraft und Lebensfreude an. Ihr frisch-freundliches Gesicht musterte ihn liebevoll-spöttisch. Sie spreizte die Beine weit auseinander. Das schwarze Haarbüschel ihres Geschlechts glotzte Todo an, als wolle es ihn gierig verschlingen.
„Aber ...!“, stammelte er.
„Doch, doch, ich bin die fünfundachtzigjährige Alexandra.“
„Wie ist das möglich?“
„Es ist nicht möglich.“
„Träume ich?“
„Nein!“
„Was wollen Sie. Alle sind nach dem Erzählen gestorben. Sie sind jünger geworden!“
„Ich habe doch nicht meine Lebensgeschichte erzählt, sondern eine erfundene Geschichte.“
„Deswegen leben Sie noch.“
„Ich bin sogar jünger geworden.“
„Was wollen sie von mir?“
Alexandra hatte ihren Koffer geöffnet. Glitzernde chirurgische Geräte kamen um Vorschein.
„Was soll das?“, fragte Todo erschrocken.
„Ich werde Ihnen zuerst die Augen ausstechen, dann die Zunge herausschneiden. Ein Stich in die Lunge, einer in das

Herz. Dann ist die Operation beendet."
„Warum? Ich habe ihnen doch nur zugehört. Sie sind gar nicht meinetwegen gestorben. Niemand stirbt daran, dass er aus seinem Leben erzählt. Ganz im Gegenteil, es soll sogar gesund sein. Es erleichtert die Seele, sagt man. Die ganze Psychotherapie beruht darauf. Auch die katholische Beichte. Niemand stirbt wegen einer Beichte. Das ist ein Unsinn, sterben wegen des Erzählens einer Geschichte."
„Sie haben sie bestohlen!"
„Wie soll ich das gemacht haben? Vielleicht aus ihrem Hirn die Teile für Geschichten herausgeschnitten?"
Er konnte sich nicht mehr bewegen. Hilflos schaute er zu, wie Alexandra die Instrumente ansetzte. Sein Gesichtsfeld schwärzte sich ein, sein Unterkiefer klappte sacht nach unten. Ein letzter Atemzug, das Herz stand still ... Das alles geschah sanft und ohne Schmerzen.
„Wie sanft der Tod doch ist", waren die letzten Gedanken von Todo.
Alexandra packte ihre Utensilien zusammen und schwebte gen Himmel.

Gefährliche Nähe

In memoriam Hans Christian Andersen

Die schädigende Wirkung der Hitze in südlichen Ländern erfuhr ein Junior-Professor für Theoretische Physik an der Universität im dänischen Odense, der in Venedig Kraft für ein neues Buch sammeln wollte.
Er mietete ein Zimmer in der bescheidenen „Casa delle Favole" mit Blick auf eine schmale Gasse. Nach der Ankunft am frühen Nachmittag wanderte er voller Erwartungen auf südliche Lebenslust durch die Gassen. Plötzliche Schwindel- und kurze Ohnmachtdsnfälle zwangen ihn, sich ins Bett zu legen. Abends bewunderte er die Italiener, wie sie entspannt durch die Gassen flanierten, in Gruppen mit großer Theatralik diskutierten und in lustiger Runde Wein tranken. Wie viel freier und froher als in seiner kalten Heimat genossen die Menschen hier das Leben!
Als der junge Mann am nächsten Tag die Stadt erkunden wollte, hinderten ihn Schwindel- und Ohnmachtsanfälle wiederum daran. Er schleppte sich ins Zimmerchen zurück, verbrachte den Tag im Bett und überdachte seine wissenschaftliche Absicht, die „Geometrischen Formen der Selbstorganisation in Natur und Gesellschaft" zu erforschen.
Eine Frauenstimme begann, Märchen aus seiner Kinderzeit vorzutragen. Der sanfte, heimatliche Klang versetzte ihn in einen schwerelosen Zustand.
Deutlich sah er die Vorleserin neben dem Bett sitzen und aus einem Büchlein vortragen. Mit einem Händedruck wollte er sich bedanken. Seine Hand griff ins Leere.

Mit der Kühle der Nacht verschwand der Spuk. Ein beunruhigendes Gefühl beschäftigte ihn, als er die Stufen hinunterstieg, um in einer Trattoria zu essen. Danach mischte er sich unter die Flanierenden. Neidvoll beobachtete er diese Leichtlebigkeit und Lebensfreude.
Um Mitternacht kehrte er in sein Zimmer zurück. Aus den Räumen des gegenüberliegenden Hauses schimmerte Licht, und es erklang leise Musik. Ein menschlicher Schatten wanderte durch die Räume. Mit Freude erkannte der Physiker vom Balkon aus die Vorleserin. Er bewunderte im Dämmerlicht ihre makellose Figur. Sie winkte ihm zu. Er erwiderte die Begrüßung. Schlagartig brauste Musik auf. Mit großartigen Sprüngen stürmte die Erscheinung durch die beleuchteten Zimmer, drehte Pirouetten, reckte und streckte sich, als hätte sie die Gesetze der Schwerkraft überwunden. Mit wachsender Begierde verfiel der Mann aus dem Norden ihrer Schönheit. Sie hörte zu tanzen auf und ging auf ihren Balkon, der nur wenige Meter von dem ihres Bewunderers entfernt war. Nun konnte er im Schein einer nahen Straßenlaterne ihr Gesicht deutlich sehen: Es war sein eigenes. Er zitterte, taumelte in das Zimmer zurück und sank besinnungslos zu Boden.
Am Morgen weckten ihn die Sonnenstrahlen. Die Glieder schmerzten, der Kopf dröhnte und die Augen verdoppelten die Welt. Ermattet schleppte er sich zum Bett und verschlief die Hitze des Tages, ohne eine Geschichte gehört oder die Vorleserin gesehen zu haben. Sein Körper fühlte sich an, als hätte er etwas Lebenswichtiges verloren.
Vorzeitig brach er den Aufenthalt ab und flog in die heimatliche Kühle nach Odense zurück. Bei der Ankunft atmete er auf. Die Hitze war ihm nicht zuträglich gewesen. Ihr schrieb er die Erschöpfung, die Ohnmachten und die Visionen von einer Vorleserin und Tänzerin zu.
Viele Jahre nach dem Aufenthalt in Venedig – er war mittlerweile Professor geworden – klingelte es an der Tür zu seinem

Junggesellen-Appartement. Eine gutaussehende Dame stand davor. Ihr Anblick löste Gefühlsstürme bei dem Professor aus. Woher kannte er sie?
„Da bin ich endlich!“
Sie schob ihn beiseite, rauschte durch den Korridor zum Wohnzimmer und ließ sich auf dem bequemsten Sessel nieder.
Er folgte ihr, setzte mehrmals zu heftigem Fragen an, wurde aber vom Redesturm der Besucherin zum Schweigen verurteilt.
„Ich wollte sehen, wie es dir geht. Siehst blass aus und du bist zu mager.“
Sie war es, die Vorleserin, die Tänzerin! Ihr Gesicht hatte sich verändert: Aufgedunsen war es, feist. Im eleganten Kostüm, mit Goldschmuck beladen, strotzend vor Selbstbewusstsein kuschelte sie sich in den Sessel.
„Erinnerst du dich an die heißen Tage in Venedig? Als ich dir Geschichten vorlas? Das war das erste Mal, dass du mir zugehört hast. Du hattest nur für Physik Interesse. Du warst in der Rationalität gefangen, hast das Leben nach mathematischen Formeln geführt und mich übersehen. In dieser Nacht bin ich dir entkommen.“
„Wer sind Sie?“
„Ich bin deine poetische Ader, deine Muse, dein Schatten. Nie hast du mich früher beachtet. Als du krank im Bett lagst, musstest du mir zuhören. Mir, deinem Schatten, kam aber zu Bewusstsein, dass es mit dir keinen Sinn hat. Die südliche Lebensfreude hatte mich ermutigt, mich von dir zu lösen und ein eigener Mensch zu werden.“
„Weshalb haben Sie dann vor mir getanzt?“
„Um die Kraft aus dir zu saugen, die ich zu meiner Umwandlung zum Menschen brauchte.“
„So ein Quatsch. Sie drängen sich hier herein und erzählen mir ein Märchen von einer Inkarnation. Was wollen Sie von mir?“

„Sehen, wie es dir geht."
„Gut. Das haben Sie getan. Auf Wiedersehen!"
Die Muse stand auf und wanderte im Zimmer hin und her.
„So schnell wirst du mich nicht los! Du bist mir etwas schuldig. Jahrelang hast du mich ignoriert, vernachlässigt und missachtet. Dafür musst du bezahlen."
„Sie hatten doch den Vorteil, ein Mensch zu werden!"
„Vorteil nennst du das? Bevor ich bei dir völlig ausgetrocknet wäre, wollte ich leben. Damals wusste ich nicht, was Menschsein bedeutet. Ich war zu poetisch, romantisch, idealistisch. Jetzt weiß ich: Die Welt ist böse. Die Menschen lügen und betrügen. Durch Hinterhältigkeit bin ich reich geworden. In meinen Gesellschaftsreportagen in der BuntBild umschmeichele ich die, die mir Geld geben, den Sparsamen hänge ich Skandale an, bis sie zahlen oder in der Versenkung verschwinden. So achten sie mich."
„Sie wollen eine Muse sein? Musen zeigen einem die Schönheit des Denkens."
„Naiver Naturwissenschaftler. Geometrischen Figuren zeigen Harmonie! Auf der anderen Seite spielt das Chaos aus Lieben, Hassen, Begehren und Befriedigung von Lust die bestimmende Rolle. Denk darüber nach. Du wirst von mir hören." Sie stand auf und verschwand.
Der Physiker teilte die Ansichten seines Schattens nicht und blieb bei seiner Lebensweise.

Jahrelang hatte er an dem Buch geschrieben, das die physikalischen Grundlagen des Eindeutigen, Eleganten und Wahren darstellt. Es wurden davon 123 Stück verkauft. Die restlichen 1877 Exemplare verschwanden in einer Verbrennungsanlage.
Nach dieser Niederlage erschien die Dame wieder; rundlicher geworden, mit noch mehr Schmuck behangen, in einem exquisit teuren Hosenanzug.
Er solle sie nach Marienbad begleiten. Den Aufenthalt zahle sie. Sie bräuchte eine Abmagerungskur, und er hätte, seinem

Aussehen nach zu urteilen, Erholung nötig.
Der Physiker willigte ein. „Eine Bedingung stelle ich: Du bist mein Chauffeur." Dem Gelehrten war alles egal. Im vornehmsten Hotel am Platze bekam er das billigste Zimmer. Tagelang chauffierte er die Frau durch die Landschaft.
Eines Tages kam ein russischer Oligarch ins Hotel. Auf den ersten Blick erkannte er in der Dame eine verwandte Seele. Da er nicht verheiratet war und er die Dame attraktiv fand, suchte er ihre Gesellschaft. Nach dem Dinner am ersten Abend bat er sie um einen Tanz. Sie passten wunderbar zusammen. Ein Gespräch an der Bar über Geld zeigte gleiche Interessen. Der Russe wollte wissen, wie intelligent sie sei und fragte sie: „Wie kann man mathematisch genau berechnen, ob zwei Menschen zusammengehören?"
Da lächelte die Dame: „Für einfache Fragen ist mein Chauffeur besser geeignet. Dort an der Tür steht er. Fragen Sie ihn."
Der Heiratswillige ging zu dem gelehrten Mann. Angeregt unterhielten sie sich über Wirtschaft, Gesellschaft, Politik, Kultur und über den äußeren und inneren Menschen. Der Physiker entwickelte spontan eine „Theorie der Geometrischen Passung in Familien."
„Was ist das für eine kluge Frau, die einen so gelehrten Chauffeur hat", dachte der Russe, „es wäre für meine Geschäfte vorteilhaft, wenn ich sie heiraten würde."
Am Abend vor der Hochzeit rief die Dame den Chauffeur zu sich.
„Morgen heirate ich. Ich brauche dich nicht mehr. Allein bist du nicht lebensfähig. Also nehme ich dich bei mir auf."
In diesem Augenblick begann der Physiker zu zittern, bis er ohnmächtig zu Boden sank wie damals in Venedig. Der Körper löste sich schnell auf. Nach wenigen Minuten sah man nichts mehr von ihm.
„Du Rationalist! Ich habe mir deinen Körper und Geist einverleibt. Deine Rationalität und meine Gefühle machen mich

zu einem vollkommenen Menschen."
Kurz vor der Trauungszeremonie berichtete die Braut ihrem Bräutigam, der Chauffeur habe gekündigt und sei abgereist. „Er konnte es nicht ertragen, dass ein anderer Mann in meiner Nähe ist."
Der Physiker, jetzt Teil der Muse, nahm gezwungenermaßen an der Hochzeit und der Hochzeitsnacht teil.